SILÊNCIO

THICH NHAT HANH

SILÊNCIO
O poder da quietude
em um mundo barulhento

Tradução
Rodrigo Peixoto

Rio de Janeiro, 2022

Título original: *Silence: The Power of Quiet in a World Full of Noise*
Copyright © 2015 by Unified Buddhist Church Inc. All rights reserved. No part of this book may be reproduced by any means, electronic or mechanical, or by any information storage and retrieval system, without permission in writing from the Unified Buddhist Church, Inc.

Direitos de edição da obra em língua portuguesa no Brasil adquiridos pela CASA DOS LIVROS EDITORA LTDA. Todos os direitos reservados. Nenhuma parte desta obra pode ser apropriada e estocada em sistema de banco de dados ou processo similar, em qualquer forma ou meio, seja eletrônico, de fotocópia, gravação etc., sem a permissão do detentor do copyright.

Diretora editorial:	Raquel Cozer
Gerente editorial:	Alice Mello
Editor:	Ulisses Teixeira
Copidesque:	Thaís Lima
Revisão de tradução:	Samuel Gonçalves
Revisão:	Marcela Isensee
	Mônica Surrage
Capa:	Osmane Garcia Filho
Diagramação:	Abreu's System

Rua da Quitanda, 86, sala 218 – Centro – 20091-005
Rio de Janeiro – RJ – Brasil
Tel.: (21) 3175-1030

CIP-BRASIL. CATALOGAÇÃO NA PUBLICAÇÃO
SINDICATO NACIONAL DOS EDITORES DE LIVROS, RJ

H479s

Nhat, Thich Hanh
Silêncio : o poder da quietude em um mundo barulhento / Thich Nhat Hanh ; tradução Rodrigo Peixoto. - 1. ed. - Rio de Janeiro : Harper Collins, 2018.
160 p. : il. ; 20,8 cm

Tradução de: Silence: the power of quiet in a world full of noise
ISBN 978-85-9508-255-7

1. Meditação. 2. Espiritualidade. I. Peixoto, Rodrigo. II. Título.

18-48248

CDD: 299.93
CDU: 299.9

Leandra Felix da Cruz - Bibliotecária - CRB-7/6135

07/03/2018   09/03/2018

Sumário

	Introdução	7
um	Uma dieta constante de barulho	21
dois	Estação de rádio – Pensando Sem Parar	41
três	Silêncio ensurdecedor	59
quatro	Escuta profunda	79
cinco	O poder da tranquilidade	97
seis	Prestando atenção	119
sete	Cultivando a conexão	139

Introdução

Gastamos muito tempo procurando a felicidade enquanto o mundo ao nosso redor está repleto de maravilhas. Estar vivo, caminhando neste planeta, é um milagre. Ainda assim, a maioria de nós vive correndo, como se houvesse um lugar melhor a ser encontrado. Todos os dias, todas as horas, a beleza nos chama, mas raramente estamos dispostos a escutá-la.

A condição básica para sermos capazes de escutar o chamado da beleza — e responder a ele — é o silêncio. Se não temos silêncio dentro de nós mesmos — se nossas mentes e corpos estão repletos de barulho —, não somos capazes de ouvir o chamado da beleza.

Existe uma rádio sempre ligada em nossa mente, a que eu chamo de "Estação PSP: Pensando Sem Parar". Nossa mente vive repleta de ruídos, por isso não somos capazes de ouvir o chamado da vida, o chamado do amor. Nosso coração nos chama, mas não o escutamos. Não temos tempo para escutá-lo.

Atenção plena (ou *mindfulness*) é a prática que silencia o ruído que existe dentro de nós. Sem *mindfulness*, muitas coisas podem nos distrair. Certas vezes, somos arrastados pelo arrependimento e pela culpa de algo que aconteceu no passado. Revisitamos velhas memórias e experiências, somente para sofrer outra vez com a mesma dor que um dia vivemos. É fácil se encontrar por trás das grades do passado.

Também podemos ser distraídos pelo futuro. Uma pessoa ansiosa e com medo do futuro vive tão presa quanto quem não se esquece do passado. A ansiedade e a incerteza frente ao que está por vir chegam a impedir que escutemos o chamado da felicidade. Assim, o futuro também se torna uma espécie de prisão.

Mesmo tentando estar presente, muita gente sucumbe às distrações e se sente vazia, como se houvesse um buraco dentro de si. Nós desejamos alguma coisa, esperamos alguma coisa, nutrimos expectativas sobre algo que poderia tornar nossas vidas um pouco mais interessantes. Ansiamos por algo que possa mudar a situação atual, pois enxergamos o presente como entediante... como nada especial, como nada interessante.

A *mindfulness* costuma ser descrita como um sino que nos lembra de parar e escutar em silêncio. Podemos usar um sino ou qualquer outra coisa que nos ajude a recordar que não devemos nos distrair com o ruído que existe dentro de nós e ao nosso redor. Ao ouvir o sino, paramos. Em seguida, acompanhamos nossa inspiração e expiração, abrindo espaço ao silêncio. Digamos a nós mesmos: "Ao inspirar, sei que estou inspirando." Inspirando e expirando conscientemente, prestando atenção unicamente à nossa respiração, podemos silenciar o barulho que existe dentro de nós — o falatório sobre o passado, o futuro e sobre o desejo de algo mais.

Silêncio

Em apenas dois ou três segundos de respiração consciente, despertamo-nos para o fato de que estamos vivos, respirando. De que estamos aqui. De que existimos. O ruído em nosso interior desaparece, abrindo um espaço generoso — além de muito poderoso e eloquente. E podemos responder ao chamado da beleza que existe ao nosso redor: "Eu estou aqui. Sou livre. E escuto o que você diz." E o que significa "eu estou aqui"? Significa: "Eu existo. Estou aqui de verdade, pois não estou perdido no passado, no futuro, nos meus pensamentos, no barulho dentro de mim, no barulho que vem de fora. Estou aqui." Para *estar* de verdade, devemos nos livrar dos pensamentos, das ansiedades, do medo, do desejo. "Sou livre" é uma afirmação forte, pois a verdade é que poucos seres humanos são livres. Em geral, não temos a liberdade que nos permite ouvir, ver e simplesmente estar.

Juntos e em silêncio

Eu moro em um centro de retiro no sudoeste da França, onde praticamos uma tarefa chamada silêncio nobre. Trata-se de uma prática simples. Se estamos conversando, estamos conversando. Porém, se estamos fazendo outra coisa (comendo, caminhando ou trabalhando, por exemplo), fazemos *apenas* essa coisa. Nunca fazemos nada disso conversando. Portanto, fazemos tais coisas em um silêncio nobre e alegre. Dessa maneira, estamos livres para ouvir o chamado mais profundo de nossos corações.

Certa vez, vários de nós, monásticos e laicos, almoçamos juntos, ao ar livre, sentados em um gramado. Nós nos servimos e depois nos sentamos em grupo. Ficamos sentados em círculos concêntricos — um círculo menor dentro de outro maior, seguido de outro ainda maior. E não dissemos nada.

Eu fui o primeiro a me sentar. Já sentado, pratiquei a respiração consciente a fim de estabelecer um silêncio em meu interior. Ouvi os passarinhos, o vento e desfrutei a beleza da primavera. Como não estava esperando pelos demais, que se sentariam ao meu lado, comecei a comer. Simplesmente desfrutei o fato de estar sentado, durante vinte minutos ou mais, enquanto os demais se serviam e vinham se sentar.

Havia silêncio. No entanto, algo me dizia que aquele silêncio não era tão profundo quanto poderia ser. Talvez porque as pessoas houvessem se distraído escolhendo sua comida, caminhando com os pratos nas mãos e se sentando. Permaneci sentado em silêncio e observei tudo isso.

Eu segurava um pequeno sino e, quando todos estavam sentados, convidei o sino a tocar. Como havia uma semana que praticávamos juntos a escuta do sino, como um sinal para inspirar e expirar conscientemente, todos o escutamos muito bem. Logo após o primeiro toque do sino da *mindfulness*, o silêncio se alterou bastante. Transformou-se em um silêncio real, pois todos pararam de pensar. E focamos nossa atenção na inspiração, enquanto inspirávamos, e na expiração, enquanto expirávamos. Respirando juntos, nosso silêncio coletivo gerou um forte campo de energia. Silêncios desse tipo podem ser chamados de silêncios ressonantes, pois são eloquentes e poderosos. Naquele novo silêncio, eu ouvia os pássaros e o vento com muito mais nitidez. Antes, eu ouvira os pássaros e o vento, mas não da mesma maneira, pois não havia um silêncio tão profundo.

Silêncio

Praticar o silêncio para esvaziar todo tipo de barulho em nosso interior não é complicado. Com algum treino, você pode fazer isso. Com o silêncio nobre, você poderá caminhar, sentar-se e desfrutar uma refeição. Dessa forma, você terá liberdade suficiente para desfrutar o fato de estar vivo e poderá apreciar todas as maravilhas da vida. Além disso, será mais capaz de curar a si mesmo, mental e fisicamente. Você terá a capacidade de *ser,* de estar presente, vivo. Pois será verdadeiramente livre... livre de arrependimentos e sofrimentos relativos ao passado, livre do medo e das incertezas quanto ao futuro, livre de qualquer tipo de burburinho mental. Permanecer em silêncio dessa maneira quando estamos sozinhos é bom, e permanecer em silêncio dessa maneira quando estamos *em grupo* é particularmente dinâmico e curativo.

O som da ausência de som

O silêncio costuma ser descrito como a ausência de som, embora seja um som poderoso. O inverno de 2013/14, por exemplo, não foi muito frio na França, mas, sim, na América do Norte, onde aconteceram mais tempestades de neve do que o habitual, e certas vezes a temperatura atingiu abaixo dos vinte graus negativos. Vi uma foto das Cataratas do Niágara mais frias do que nunca. As águas pararam de cair. Aliás, elas não *poderiam* cair, pois estavam congeladas. Ao ver essa imagem, fiquei muito impressionado. A cascata de água fora interrompida... e, com ela, o som.

Há cerca de vinte anos, eu estava em Chiang Mai, no noroeste da Tailândia, em um retiro para jovens. Eu dormia em uma cabana, perto de um riacho pedregoso, onde sempre ouvíamos o som das águas. Eu adorava poder respirar, lavar minha roupa e tirar uma soneca sobre as grandes pedras do riacho. Onde quer que estivesse, sempre escutava o som da água rolando. Dia e noite, o som era o mesmo. Eu olhava para os arbustos e árvores ao meu redor e pensava: "Eles escutam o mesmo som desde que nasceram. Se este som cessasse, eles escutariam a ausência de som pela primeira vez." Tente imaginar isso, se for capaz. De repente, as águas param de rolar, e todas aquelas plantas, que, desde seu nascimento, dia e noite, nunca pararam de escutar o mesmo som, deixariam de escutá-lo. Pense na surpresa que seria, pela primeira vez em suas vidas, ouvir o som da ausência de som.

Cinco sons verdadeiros

Bodhisattva é o termo budista para se referir a alguém com grande compaixão, cujo objetivo na vida é mitigar o sofrimento dos demais. O budismo fala de um bodhisattva chamado Avalokiteshvara, o Bodhisattva da Escuta Profunda. O nome Avalokiteshvara significa "o que escuta profundamente os sons do mundo".

De acordo com a tradição budista, Avalokiteshvara tem a capacidade de ouvir todos os tipos de sons. Também é capaz de pronunciar cinco diferentes sons capazes de curar o mundo. Se você for capaz de encontrar o silêncio dentro de si mesmo, será capaz de ouvir esses cinco sons.

O primeiro é o Som Maravilhoso, o som das maravilhas da vida que nos chamam. É o som dos pássaros, da chuva, e assim por diante.

Silêncio

Deus é um som. O criador do cosmos é

um som. Tudo começa com o som.

———————

O segundo é o Som de Quem Observa o Mundo. Trata-se do som da escuta, o som do silêncio.

O terceiro é o Som de Brahma, o som transcendental (*om*), que tem uma longa história no pensamento espiritual indiano. A tradição diz que o *om* tem o poder inato de criar o mundo. Diz a história que o cosmos, o mundo e o universo foram criados por tal som. O Evangelho de João retrata a mesma ideia: "No início, era o verbo" (João 1:1). De acordo com os Vedas, os textos mais antigos do hinduísmo, a palavra criadora do mundo é o *om*. Na tradição védica indiana, esse som é a realidade última, ou Deus.

Muitos astrônomos modernos passaram a acreditar em algo similar. Eles buscavam o início dos tempos, o início do cosmos, e sua hipótese para o início do universo era o *Big Bang*" (a "grande explosão", em português).

O quarto som é o Som da Subida da Maré. Esse som simboliza a voz de Buda. Os ensinamentos de Buda podem desfazer incompreensões, curar aflições e transformar todas as coisas. São profundos e poderosos.

O quinto som é o Som que Transcende Todos os Sons do Mundo. É o som da impermanência, um lembrete de que não devemos nos tornar obcecados nem permanecer atados a uma palavra ou som. Muitos estudiosos complicaram e dificultaram o entendimento dos ensinamentos de Buda. No entanto, Buda diz coisas muito simples e não se prende a palavras. Se um ensinamento é muito complicado, não se trata do som de Buda. Se o que você está ouvindo é um som muito alto, estridente ou intricado, não se trata da voz de Buda. Esteja onde estiver, você poderá ouvir o quinto som. Mesmo na prisão, você pode ouvir o Som que Transcende Todos os Sons do Mundo.

Uma preocupação maior

Quando você for capaz de paralisar todo o som que existe no interior de si mesmo, quando for capaz de estabelecer o silêncio, um silêncio retumbante, começará a ouvir o mais profundo chamado interior. O seu coração clamará por você. Aliás, o seu coração deve estar tentando lhe dizer alguma coisa, mas você não é capaz de ouvi-lo, pois sua mente está repleta de ruídos. Várias coisas o distraem, dia e noite. Você vive repleto de pensamentos, especialmente de pensamentos negativos.

No dia a dia, muita gente emprega grande parte de seu tempo em busca de confortos (materiais ou afetivos) simplesmente para sobreviver. Isso rouba praticamente todo nosso tempo. É o que chamamos de *preocupações diárias*. Vivemos pensando em como conseguir dinheiro suficiente, comida, abrigo, além de outras coisas materiais. E temos também preocupações afetivas: queremos saber se uma determinada pessoa nos ama ou não, se nosso trabalho é seguro ou não. Passamos o dia inteiro preocupados com esse tipo de questionamento. Podemos estar em busca de um relacionamento

— 16 —

Silêncio

bom o suficiente para que dure, que não seja muito complicado. Buscamos algo de que possamos depender.

Algumas vezes, passamos 99,9% de nosso tempo preocupados com essas coisas (confortos materiais e preocupações afetivas), o que é compreensível, pois precisamos nos sentir seguros com relação a nossas necessidades básicas. No entanto, as necessidades diárias são apenas uma fração da preocupação de muita gente. Podemos estar fisicamente seguros, com a fome saciada e um teto sobre nossas cabeças, ao lado de uma família que nos ama... mas, ainda assim, nos preocuparmos constantemente.

A preocupação mais profunda para você, e para grande parte dos humanos, é uma que não percebemos, uma que talvez nunca tenhamos ouvido. Todos carregamos uma *preocupação maior* que nada tem a ver com preocupações materiais ou afetivas. O que queremos fazer de nossas vidas? Eis a questão. Nós estamos aqui, mas *por que* estamos aqui? Quem somos nós individualmente? E não costumamos ter (nem separar um) tempo para responder a tais perguntas.

E não se trata apenas de perguntas filosóficas. Se não somos capazes de respondê-las, não temos paz — e não temos alegria, pois não existe alegria sem um pouco de paz. Muitos de nós nos vemos incapazes de respondê-las. Porém, com *mindfulness*, com algum silêncio no interior de nós mesmos, podemos ouvir tais respostas e escutar o mais profundo chamado do nosso coração.

Quando nos perguntamos "Quem sou eu?", empregando tempo e concentração suficientes, podemos encontrar respostas que nos surpreendem. Podemos enxergar que somos a continuação de nossos ancestrais. Nossos pais e familiares estão presentes em todas as células de nossos corpos; somos a continuação de todos eles. Ninguém é um ser isolado. Se nos afastássemos de nossos pais e ancestrais, não restaria nada de "nós".

Você poderá enxergar que é formado por elementos, como a água, por exemplo. Caso se afaste da água, não restará nada de "você". Você é feito da terra. Caso remova o elemento terra, não restará nada de "você." Você é feito de ar. Você precisa desesperadamente de ar. Sem ar, você não sobreviveria. Portanto, removendo o elemento ar, não restará nada de "você". E existe também o elemento fogo, o elemento do calor, o elemento da luz que existe dentro de você. E você sabe que é feito de luz. Sem a luz do sol, nada cresce sobre a Terra. Continuando a observar, você notará que é feito do Sol, uma das maiores estrelas da galáxia. E saberá que a Terra, assim como você, é feita de estrelas. Portanto, todos somos estrelas. Em uma noite clara, olhando para o céu, você perceberá que representa as estrelas que existem lá em cima. Você não é apenas o pequeno corpo que normalmente identifica como "você mesmo".

Não há necessidade de correr

A *mindfulness* nos oferece o espaço interior e o silêncio que nos permitem observar profundamente, para então descobrirmos quem somos e o que queremos fazer de nossas vidas. Com *mindfulness*, você deixará de sentir a necessidade de correr atrás de coisas sem sentido. E a verdade é que você vive correndo, vive procurando alguma coisa, pois acredita que isso seja crucial para sua paz e felicidade. Você se esforça para conseguir tais coisas, para depois ser feliz.

Silêncio

Você acredita que não reúne as condições para ser feliz atualmente, por isso desenvolve o mesmo hábito de tanta gente, o hábito de viver correndo atrás de uma ou outra coisa. "Eu não posso viver em paz agora, não posso parar nem desfrutar agora, pois necessito de novas condições antes de ser feliz." Você chega a ponto de reprimir a *joie de vivre*, que é um direito inato, um direito seu. No entanto, a vida está repleta de maravilhas, incluindo as maravilhas sonoras. Se você for capaz de *estar presente*, se puder ser livre, poderá ser feliz no aqui e agora. E não precisará correr para lugar nenhum.

A prática da mindfulness *é muito simples.*

———

Você para, respira e acalma sua mente.

Você se volta ao seu íntimo para desfrutar

do aqui e agora em cada momento.

———

As maravilhas da vida já estão todas aqui. E estão clamando por nós. Se você for capaz de escutá-las, será capaz de parar de correr. O que você precisa, *tudo* do que você precisa é do silêncio. Detenha o ruído em sua mente para conseguir escutar o som das maravilhas da vida. Fazendo isso, você começará a viver de forma autêntica e profunda.

um

Uma dieta constante de barulho

A menos que você viva sozinho, no meio das montanhas, sem eletricidade, o mais provável é que esteja absorvendo um fluxo constante de ruído e informação o dia inteiro, sem interrupção. Mesmo sem ninguém falando com você, com o rádio e o aparelho de som desligados, existem propagandas, o telefone toca, chegam mensagens de texto, as redes sociais clamam por atenção, as telas de computadores, os cartazes, os folhetos, além de vários outros artifícios que nos apresentam palavras e sons. Certas vezes, pode ser impossível encontrar um cantinho na área de embarque de um aeroporto sem uma televisão gritando. Pela manhã, muita gente vai de casa ao trabalho lendo mensagens do Twitter, textos, notícias, jogando ou consultando as redes sociais em seus celulares.

Mesmo nos raros momentos em que não existe som, texto ou qualquer outra informação vinda de fora, nossas mentes vivem ocupadas por um fluxo constante de pensamentos. Quantos minutos ao dia — se é que isso acontece — você passa realmente em silêncio?

O silêncio é essencial. Nós precisamos de silêncio

assim como precisamos de ar,

da mesma maneira que as plantas precisam de luz.

Se nossas mentes estão repletas de palavras e pensamentos,

não há espaço para nós.

———

As pessoas que moram em um ambiente urbano se acostumam a certo nível de ruído. Sempre existe alguém gritando, uma buzina tocando ou uma música alta por perto. A constância de um som perpétuo pode até, certas vezes, tornar-se algo reconfortante. Tenho amigos que, ao frequentarem suas casas de campo durante um fim de semana ou passarem um tempo em um retiro, consideram o silêncio assustador e inquietante. O silêncio não lhes parece seguro ou confortável porque estão acostumados a um cenário de ruído constante.

As plantas não crescem sem luz; as pessoas não respiram sem ar. Tudo o que está vivo precisa de espaço para crescer e fazer acontecer.

Silêncio

Medo do silêncio

Tenho a impressão de que muita gente tem medo do silêncio. Estamos sempre consumindo alguma coisa (textos, música, rádio, televisão ou pensamentos) para ocupar o espaço vazio. Se o silêncio e o espaço são tão importantes para nossa felicidade, por que não damos mais importância para essas coisas em nossas vidas?

O parceiro de uma das minhas alunas mais antigas é um homem gentil, que gosta de ouvir e não fala demasiado. No entanto, em casa, ele deixa a televisão ou o rádio sempre ligados e mantém um jornal aberto à sua frente quando se senta para tomar café da manhã.

Eu conheço uma mulher cuja filha adora praticar meditação sentada no templo zen perto de sua casa. Certo dia, ela convidou a mãe a acompanhá-la, dizendo: "É muito fácil, mãe. Você não precisa se sentar no chão, pois existem cadeiras por lá. E não vai precisar fazer nada. Nós simplesmente ficamos sentados, em silêncio." Sendo bem sincera, sua mãe respondeu: "Acho que tenho medo de fazer isso."

Podemos nos sentir sozinhos mesmo cercados de muita gente. Podemos estar sozinhos e ao mesmo tempo acompanhados. Existe um vazio no interior de nossos corpos. E não nos sentimos confortáveis com esse vazio, por isso tentamos preenchê-lo ou fazê-lo desaparecer. A tecnologia oferece muitos aparelhos que nos permitem ficar *sempre* "conectados", mas continuamos nos sentindo sozinhos. Checamos nossos e-mails e redes sociais centenas de vezes durante o dia. Enviamos uma série infinita de e-mails e mensagens. Queremos compartilhar, queremos receber. Ficamos o dia inteiro ocupados, em um esforço para nos conectarmos.

O que nos dá tanto medo? Podemos sentir um vazio interior, podemos nos sentir isolados, pesarosos, inquietos. Podemos nos sentir desolados ou mal-amados. Podemos sentir como se faltasse algo importante. Algumas dessas sensações são muito antigas e convivem conosco desde sempre, permanecendo por trás de tudo o que fazemos ou pensamos. O excesso de estímulos facilita a distração do que sentimos. Porém, quando existe o silêncio, tudo isso se apresenta com bastante clareza.

Um banquete de estímulos

Todos os sons ao nosso redor e todos os pensamentos que não saem de nossa cabeça podem ser encarados como uma espécie de alimento. Estamos acostumados aos alimentos comestíveis, ao tipo de alimento que mastigamos e engolimos. No entanto, os humanos também consomem outros tipos de alimentos. As coisas que lemos, as nossas conversas, os programas a que assistimos, os jogos que jogamos pela internet, nossas preocupações, pensamentos e ansiedades, tudo isso são alimentos. Não é à toa que costumamos não ter espaço em nossa consciência para a beleza e o silêncio: estamos constantemente preenchendo-a com outros tipos de alimentos.

São quatro os tipos de alimentos que consumimos todos os dias. No budismo, chamamos esses alimentos de Os Quatro Nutrientes. São eles: os alimentos comestíveis, as sensações, o desejo e a consciência (individual e coletiva).

Os alimentos comestíveis são, obviamente, os que comemos todos os dias usando nossa boca. O segundo alimento, as sensações,

Silêncio

são as experiências sensoriais que recebemos através de nossos olhos, ouvidos, narizes, línguas, corpos e mentes. Isso inclui o que ouvimos, o que lemos, o que cheiramos e o que tocamos. Inclui também as mensagens de texto e os nossos celulares, o som de carros passando na rua e a propaganda que lemos no caminho. Embora tais coisas não sejam comestíveis, são informações e ideias que entram em nossa consciência e que consumimos todos os dias.

A terceira fonte de nutrientes é o desejo. O desejo é nossa vontade, nossa preocupação, nossa volição. E tudo isso é comida porque "alimenta" nossas decisões, ações e movimentos. Sem desejo, sem vontade de fazer nada, não nos moveríamos. Simplesmente murcharíamos.

O quarto tipo de alimento é a consciência. Esse alimento inclui nossa consciência individual e a maneira como nossa mente se alimenta e alimenta nossos pensamentos e ações. Mas inclui também a consciência coletiva e como ela nos afeta.

Todos esses alimentos podem ser saudáveis ou não, nutritivos ou tóxicos, dependendo do que consumimos, do quanto consumimos e do quão conscientes estamos de nosso consumo. Certas vezes, por exemplo, comemos *junk food* que nos faz sentir mal ou bebemos demais quando estamos chateados, pois assim pensamos nos distrair, embora acabemos pior do que estávamos.

O mesmo vale para os demais nutrientes. No caso da comida sensorial, podemos consumir mídias saudáveis e enriquecedoras, mas também podemos nos entregar a videogames, filmes, revistas ou mesmo à fofoca a fim de nos distrairmos de nosso sofrimento. O desejo pode ser saudável (motivação construtiva) ou não (obsessão). Da mesma maneira, a consciência coletiva pode ser saudável ou não. Pense em como você é afetado pelo astral ou pela consciência do grupo a que pertence, se é um grupo solidário, feliz, raivoso, fofoqueiro, competitivo ou apático.

Já que cada um desses nutrientes nos afeta de maneira tão profunda, é importante estarmos conscientes com relação a *o que* e *quanto* consumimos. A consciência é a chave da nossa proteção. Sem proteção, absorvemos muitas toxinas. Sem perceber, ficamos repletos de sons e intoxicamos nossa consciência, e tais coisas nos deixam doentes. A consciência é uma espécie de filtro solar capaz de proteger a pele sensível de um bebê recém-nascido. Com a proteção de nossa consciência, somos capazes de nos mantermos saudáveis e seguros, aceitando apenas os nutrientes que nos ajudam a prosperar.

Alimentos comestíveis

Praticamente todo mundo sabe disto: o que comemos afeta a maneira como nos sentimos. Comidas ruins nos deixam cansados, mal-humorados, nervosos, nos sentindo culpados e apenas momentaneamente satisfeitos. Frutas e vegetais, por outro lado, nos deixam cheios de energia, saudáveis e bem nutridos. Muitas vezes não comemos por fome, mas para alcançarmos um consolo e certa distração frente a sentimentos desconfortáveis. Imagine que você esteja se sentindo preocupado ou solitário. Você não gosta de se sentir assim, por isso abre a geladeira e procura algo para comer. Você sabe que não tem fome, que não *precisa* comer. No entanto, busca algo para comer, pois quer disfarçar o que sente de verdade.

Silêncio

Nos retiros, em nossos centros de prática, oferecemos três refeições vegetarianas saudáveis por dia, preparadas com amor e *mindfulness*. Ainda assim, certos participantes não param de se preocupar com a comida. Eu tenho um amigo que, em seu primeiro retiro de *mindfulness*, só conseguia pensar no que comeria mais tarde. Nos primeiros dois dias de retiro, ele vivia morto de fome e não gostava de ter que enfrentar filas para conseguir suas refeições.

No terceiro dia de retiro, esse amigo estava participando de um grupo e falava sobre os sentimentos que nutria frente ao pai (que morrera recentemente), e o grupo lhe ofereceu muito apoio. A reunião terminou um pouco tarde. Porém, quando chegou à fila da comida, meu amigo percebeu que não estava ansioso. Algo lhe dizia que havia comida suficiente para todos, e que ele ficaria bem. E eu fico aliviado ao saber que, naquele dia, ele não ficou sem arroz ou vegetais!

Sensações

Os alimentos sensoriais são os que absorvemos com nossos sentidos e mente, tudo o que vemos, cheiramos, tocamos, comemos e ouvimos. Os ruídos externos entram na mesma categoria, sejam vindos de conversas, entretenimento ou música. O que lemos e a informação que absorvemos também são alimentos sensoriais.

É possível que os alimentos sensoriais afetem a maneira como nos sentimos ainda mais do que os alimentos comestíveis. Podemos escolher uma revista para ler ou navegar na internet, observar imagens e ouvir música. Queremos estar conectados e informados. Queremos nos divertir. E tais motivos são dignos para se consumir alimentos sensoriais, mas não é raro que nosso propósito *real* seja simplesmente fugir de nós mesmos e mascarar nossos sofrimentos mais enraizados. Quando ouvimos música, lemos um livro ou abrimos um jornal, quase nunca necessitamos fazer tal atividade ou conseguir tal informação. Em geral, isso é feito de forma mecânica, talvez por estarmos acostumados ou porque queremos "passar tempo" ou preencher uma sensação desconfortável de vazio. Talvez seja apenas para evitarmos um encontro com nós mesmos. Muitos de nós têm medo de se voltar para dentro, pois não sabem como lidar com o sofrimento que carregam em seu interior. Por isso vivemos em busca de novas sensações que possam ser consumidas.

Nós somos o que sentimos e observamos.

Se estamos com raiva, somos a raiva.

Se estamos apaixonados, somos o amor.

Se observamos uma montanha nevada, somos essa

montanha.

Enquanto dormimos, somos o que sonhamos.

Silêncio

Há pouco tempo, um adolescente me confessou passar pelo menos oito horas diárias jogando videogame. Ele não consegue evitar. No início, jogava para se esquecer de que não estava feliz com sua vida, que não se sentia compreendido em sua família, escola e comunidade. Hoje, é um viciado. Ele só pensa em videogames, mesmo quando não está jogando. Muitos de nós podemos relatar algo parecido em nossa vida, momentos em que tentamos preencher a solidão e o vazio que existem dentro de nós com sensações.

As sensações são nossa janela para o mundo exterior. Muita gente deixa essas janelas abertas o tempo todo, permitindo que as imagens e os sons do mundo entrem em sua vida, penetrando-a e aliviando o sofrimento de tanta tristeza e tantos problemas. Nós nos sentimos terrivelmente gélidos, solitários e mortos de medo. Você já se pegou assistindo a um programa de televisão abjeto, mas sem conseguir desligar o aparelho? Mesmo odiando o som das explosões e metralhadoras, você não desiste nem desliga a televisão. Por que se tortura dessa maneira? Por que não oferece a si mesmo certo alívio e fecha essas janelas de sensações? Será que você sente medo da solidão e do vazio que poderia encontrar caso ficasse frente a frente consigo mesmo?

Quando assistimos a um programa de TV, somos esse programa. E podemos ser o que quisermos, mesmo sem uma varinha mágica. Sendo assim, por que abrir nossas janelas a filmes e programas ruins? Filmes gerados por produtores sensacionalistas em busca de dinheiro fácil, filmes que deixam nossos corações pesados, nossos punhos tensos e que nos entregam exaustos de volta à rotina?

— 31 —

A conversa também é um alimento sensorial. Imagine que você conversa com uma pessoa ácida, invejosa ou martirizada pelo desejo. Durante a conversa, você ingere a energia do desespero dessa pessoa. Na verdade, grande parte dos alimentos sensoriais que consumimos faz com que nos sintamos ainda piores, não melhores. E acabamos por pensar cada vez mais que não somos suficientes, que precisamos comprar algo ou mudar algo em nós mesmos para que possamos melhorar.

No entanto, existe sempre a alternativa de proteger nossa paz. Isso não significa fecharmos todas as janelas o tempo todo, pois existem muitos milagres no "mundo lá fora". Abra suas janelas a tais milagres, mas observe cada um deles com os olhos da consciência. Ainda que esteja sentado ao lado de um riacho cristalino, ouvindo uma linda música ou vendo um filme excelente, não se entregue completamente ao fluxo do riacho, à música ou ao filme. Continue atento a si mesmo e à sua respiração. Com o sol da consciência brilhando ao seu lado, você será capaz de evitar grande parte dos perigos... e perceberá o riacho ainda mais cristalino, a música ainda mais harmoniosa e a alma do artista completamente visível no filme.

Desejo

O desejo, nossa intenção e motivação primária, é o terceiro tipo de nutriente. Ele nos alimenta e nos oferece um propósito. Grande parte do ruído ao nosso redor (que pode vir de publicidades, filmes, jogos, músicas ou conversas) nos oferece mensagens sobre o que deveríamos estar fazendo, sobre qual deveria ser nossa aparência,

Silêncio

sobre a cara do sucesso e sobre quem deveríamos ser. Por conta de tanto ruído, raramente prestamos atenção ao nosso desejo real. Agimos, mas não temos espaço ou silêncio para agirmos *de maneira intencional.*

Se não temos um propósito nos alimentando, nossa vida é uma mesmice. Eu encontro certas pessoas apenas uma vez ao ano. Quando lhes pergunto o que fizeram no tempo em que não nos vimos, muitas não conseguem se lembrar. Algumas vezes, para muitos de nós, dias, semanas inteiras, até mesmo meses, passam dessa maneira, como um flash. E isso acontece porque, nesses momentos, não estamos atentos à nossa intenção. Às vezes, a única intenção dentro de nós parece ser a de superar mais um dia.

Seja qual for nossa ação (caminhar até o supermercado, ligar para um amigo ou ir ao trabalho), existe nela uma intenção, uma motivação que nos leva adiante, mesmo quando não percebemos nada disso. O tempo passa rápido demais. Um belo dia, podemos descobrir que nossa vida está chegando ao fim, e nem assim sabermos dizer o que fizemos enquanto estivemos vivos. É possível que tenhamos gastado dias inteiros raivosos, com medo e sentindo ciúme. Raramente oferecemos a nós mesmos tempo e espaço necessários para pensar: *Estou fazendo o que realmente quero com a minha vida? Aliás, eu sei o que quero fazer com a minha vida?* O ruído em nossa mente e ao nosso redor afoga a "voz fininha, mas constante" que vive em nosso interior. Estamos tão ocupados fazendo "alguma coisa" que raramente separamos um tempo para observar e checar nossos desejos mais profundos.

O desejo é uma enorme fonte de energia. No entanto, nem todos os desejos nascem do coração. Se seu desejo é simplesmente

— 33 —

ganhar muito dinheiro ou ter o maior número de seguidores no Twitter, é possível que isso não leve a uma vida satisfatória. Algumas pessoas, mesmo com os bolsos cheios de dinheiro e muito poder nas mãos, não são felizes e se sentem profundamente solitárias. Elas não têm tempo para viver suas vidas de maneira autêntica. Ninguém as entende, e elas não entendem ninguém.

Para viver esta vida como um verdadeiro ser humano,

devemos nos conectar ao nosso desejo e

encontrar algo que transcenda nossa individualidade.

Isso poderá ser motivação suficiente para alterarmos

nosso passo

e assim encontrarmos alívio

frente aos ruídos que tomam conta de nossa mente.

———

Você pode passar sua vida inteira ouvindo mensagens internas e externas sem nunca ouvir a voz do seu desejo mais profundo. Ninguém precisa ser monge ou mártir para fazer isso. Tendo espaço e silêncio para ouvir profundamente a si mesmo, você poderá encontrar, no seu interior, um forte desejo de ajudar os demais, de ofere-

Silêncio

cer amor e compaixão, de criar uma transformação positiva no mundo. Seja lá qual for o seu trabalho (liderar uma rede de empresas, servir comida, ensinar ou cuidar de outras pessoas), manter um forte e claro entendimento do seu propósito, e também de como seu trabalho se relaciona a ele, poderá ser uma poderosa fonte de alegria em sua vida.

Consciência individual

Mesmo nos entregando às sensações, cortando os sons vindos de fora e tudo o que vemos e ouvimos, continuamos consumindo uma fonte potente de alimentos: nossa própria consciência. Isso, junto à consciência coletiva, é a quarta fonte de alimentos.

Quando dirigimos nossa atenção a certos elementos de nossa consciência, nós os "consumimos". Da mesma maneira como acontece com nossas refeições, o que consumimos de nossa consciência pode ser ecológico e saudável, mas também tóxico. Quando pensamos em algo cruel ou estamos com raiva, por exemplo, e revisitamos tal situação outra vez em nossa mente, consumimos consciência tóxica. Se estamos atentos à beleza do dia ou sentimos gratidão por nossa saúde e pelo amor que nos rodeia, consumimos consciência saudável.

Todos temos capacidade de amar, perdoar, entender e sermos compassivos. Sabendo cultivar tais elementos em nossa consciência, essa mesma consciência poderá nutrir nosso corpo com o tipo de alimento saudável que faz com que a gente se sinta maravilhosamente bem, beneficiando todos os que estejam ao nosso redor. Ao mesmo tempo, na consciência de todos existe também a capacidade de nutrir obsessão, preocupação, desespero, solidão e autocomiseração. Se você consome alimentos sensoriais a ponto de nutrir tais elementos negativos em sua consciência (se lê jornais sensacionalistas, se joga videogames violentos, se gasta seu tempo na internet invejando o que os demais fazem ou se participa em conversas mal-intencionadas), a raiva, o desespero e a inveja se fortalecem em sua consciência. Fazendo isso, você estará cultivando um tipo de alimento nada saudável à sua mente. Mesmo se afastando de um livro ou jogo de computador, sua mente continuará revisitando e consumindo tais elementos tóxicos durante horas, dias ou semanas, pois as sementes negativas foram plantadas em sua consciência.

Algumas plantas podem nos deixar doentes, como a cicuta ou a beladona. Se as comemos, sofremos. Ninguém costuma cultivar essas plantas em suas casas. Da mesma forma, podemos escolher cultivar coisas saudáveis em nossa consciência, coisas capazes de nos nutrir, e não coisas tóxicas, que nos envenenam e nos fazem sofrer.

Conscientes ou não, vivemos cultivando uma coisa ou outra em nossa mente que, mais cedo ou mais tarde, acabaremos consumindo. O que regamos ou consumimos de maneira inconsciente pode se refletir em nossos sonhos. E pode se manifestar como algo que deixamos escapar em uma conversa, e depois pensamos: "De onde veio *isso*?" Podemos causar muito dano a nós mesmos e aos nossos relacionamentos quando não prestamos atenção ao que estamos ingerindo e cultivando em nossa mente.

Silêncio

Consciência coletiva

Além da nossa consciência individual, também convivemos com a consciência coletiva. Assim como a internet é constituída de muitas páginas individuais, a consciência coletiva é feita de consciências individuais. E cada consciência individual contém todos os elementos da consciência coletiva. A consciência coletiva pode ser destrutiva, como a violência de um grupo raivoso ou, de maneira mais sutil, a hostilidade de um grupo de pessoas fofoqueiras ou preconceituosas. Por outro lado, assim como a consciência individual, a consciência coletiva pode curar. E isso acontece, por exemplo, quando estamos junto a familiares ou amigos que amamos, ou com estranhos, mas em uma situação de apreciação mútua, como ouvindo música, observando arte ou passeando em meio à natureza. Quando nos cercamos de pessoas comprometidas com a compreensão e o amor, somos nutridos por sua presença, e as sementes de compreensão e amor que carregamos em nossos corpos são regadas. Quando nos cercamos de pessoas que gostam de fazer fofoca, frustradas e eternamente críticas, absorvemos suas toxinas.

Eu tenho um amigo músico que emigrou à Califórnia ainda jovem e, depois, ao envelhecer, voltou ao Vietnã. Muita gente lhe perguntava pelo motivo do seu retorno. "Na Califórnia você pode comer o que quiser, fazer o que quiser, e os hospitais são excelentes", diziam todos. "Lá, você pode comprar o instrumento que quiser, ter de tudo. Por que você voltou ao Vietnã?" E ele dizia que, na Califórnia, estava rodeado de expatriados repletos de raiva e ódio, e, sempre que visitava essas pessoas, terminava envenenado por seus ressentimentos. Ele não queria absorver tanta raiva e amargor nos preciosos anos que lhe restavam de vida. Portanto, buscou um lugar onde poderia viver cercado de uma comunidade mais feliz e afetuosa.

Se vivemos em um bairro repleto de violência, medo, raiva e desespero, consumimos essa energia negativa, mesmo sem intenção. Se vivemos em um bairro muito barulhento, onde as buzinas e os alarmes não param de soar, consumimos essa energia e ansiedade. A menos que circunstâncias que fujam ao nosso controle nos obriguem a viver em um lugar assim, podemos escolher locais calmos e que nos ofereçam apoio emocional. No entanto, mesmo no interior de um ambiente ruidoso, podemos criar um oásis de silêncio e ser agentes positivos da mudança.

Se você está começando a pensar em como trazer mais silêncio e espaço à sua vida a fim de cultivar alegria, saiba que ninguém é capaz de fazer isso sozinho. É muito mais fácil alcançar e apreciar a calma quando o ambiente ao nosso redor é compreensível. Se você não puder se mudar para um local mais calmo, onde exista mais paz, tente se cercar ao máximo de pessoas que o ajudem a reunir uma energia coletiva de calma e compaixão. Escolher, de maneira consciente, *do que* e *de quem* você se cerca é uma das chaves para encontrar mais espaço para a alegria.

Silêncio

Prática:
nutrição

Quando se sente ansiosa ou solitária, muita gente costuma procurar distrações, o que geralmente leva a algum tipo de consumo nada saudável. Comemos um tira-gosto, mesmo sem fome; navegamos sem rumo pela internet; saímos para passear de carro ou lemos qualquer coisa. A respiração consciente é uma boa maneira de nutrir o corpo e a mente com *mindfulness*. Após uma ou duas respirações conscientes, é possível que você sinta menos vontade de preencher um vazio ou de se distrair. Seu corpo e sua mente se unem e são nutridos pela respiração com *mindfulness*. Sua respiração ficará naturalmente mais relaxada e ajudará a aliviar a tensão em seu corpo.

Voltar-se à respiração consciente lhe oferecerá uma pausa nutricional. Mas também deixará sua *mindfulness* mais forte, e, quando decidir observar sua ansiedade, ou qualquer outra emoção, você terá calma e concentração suficientes para fazer isso.

A meditação guiada é praticada desde os tempos de Buda. Você poderá praticar o exercício a seguir sentado ou caminhando. Na meditação sentada, é importante que você esteja confortável e que sua espinha seja mantida ereta e relaxada. Você poderá se sentar em uma almofada, com as pernas cruzadas, ou em uma cadeira, com os pés bem apoiados no chão. Na primeira inspiração, diga a primeira linha da meditação a seguir — mas diga em silêncio, para você mesmo — e, ao expirar, diga a segunda linha. Nas seguintes inspirações e expirações, você poderá utilizar apenas as palavras-chave.

Inspirando, eu sei que estou inspirando.
Expirando, eu sei que estou expirando.
(Dentro. Fora.)

Inspirando, minha respiração fica mais profunda.
Expirando, minha respiração fica mais lenta.
(Profunda. Lenta.)

Inspirando, sou consciente do meu corpo.
Expirando, acalmo meu corpo.
(Consciente do meu corpo. Acalmo.)

Inspirando, eu sorrio.
Expirando, eu liberto.
(Sorrio. Liberto.)

Inspirando, eu me envolvo no presente.
Expirando, eu desfruto do presente.
(Presente. Desfruto.)

dois

Estação de rádio
Pensando Sem Parar

M esmo quando não estamos conversando, lendo, ouvindo rádio, vendo televisão ou interagindo on-line, grande parte de nós não consegue se sentir calmo ou centrado. Isso acontece por continuarmos sintonizados a uma estação de rádio *interna*, a estação Pensando Sem Parar.

Sentados, quietos, sem qualquer estímulo externo, um diálogo interno infinito poderá estar rondando nossa mente. Nós vivemos consumindo nossos pensamentos. Vacas, cabras e búfalos mastigam seus alimentos, depois os engolem, regurgitam e voltam a mastigar várias vezes. Não somos vacas nem búfalos, mas ruminamos nossos pensamentos (sobretudo os negativos, infelizmente). Nós os comemos, depois os mastigamos novamente, uma e outra vez, como se fôssemos ruminantes.

O que precisamos é aprender a desligar a estação Pensando Sem Parar. Não é bom para nossa saúde consumirmos nossa consciência dessa maneira. No Plum Village, centro de retiro francês onde moro, focamos, também, a prática do consumo consciente da comida sensorial, não apenas da comestível. Além de decidirmos não tomar álcool nem comer carne, fazemos o possível para não conversar nem pensar enquanto comemos, bebemos, lavamos a louça ou fazemos qualquer outra atividade. Fazemos isso porque, enquanto caminhamos, por exemplo, se conversamos ou pensamos, somos distraídos por nossas conversas ou pensamentos, perdendo-nos no passado ou no futuro, em nossas preocupações e projetos. É muito fácil passarmos nossas vidas inteiras fazendo apenas isso. Que perda de tempo terrível! Em vez disso, devemos *viver* verdadeiramente esses momentos que nos são oferecidos. Para conseguirmos viver nossa vida, devemos desligar a rádio dentro de nós e livrar-nos dos ruídos internos.

Como desfrutar de uma caminhada quando nossa atenção está voltada à tagarelice mental? É importante prestarmos atenção ao que *sentimos*, não apenas ao que pensamos. Quando tocamos nossos pés no solo, devemos ser capazes de sentir que estão estabelecendo contato com o chão. Fazendo isso, podemos sentir muita alegria com o mero ato de estarmos caminhando. Quando caminhamos, podemos investir todo o nosso corpo e mente em nossos passos e nos concentrarmos plenamente em cada momento precioso de vida.

Focando esse contato com a terra, paramos de ser arrastados por nossos pensamentos e começamos a experimentar nossos corpos e o meio em que vivemos de uma maneira completamente diferente. E nossos corpos são uma maravilha! O seu funcionamento é o resul-

Silêncio

tado de milhões de processos. Contudo, só podemos apreciá-los verdadeiramente se pararmos de pensar o tempo inteiro e empregarmos *mindfulness* e concentração suficientes para nos conectarmos às maravilhas dos nossos corpos, da terra e do céu.

Claro que pensar nem sempre é negativo. Pensar pode ser muito produtivo. Os pensamentos costumam ser um produto de nossas sensações e percepções. Portanto, pensar deve ser visto como uma espécie de fruto. Alguns tipos de frutos são nutritivos, outros, não. Se alimentamos o medo, a preocupação ou a angústia, temos um terreno fértil a pensamentos completamente inúteis, não produtivos e prejudiciais.

Nós somos o que pensamos. Porém, ao mesmo tempo, somos bem mais do que *apenas* os nossos pensamentos. Também somos nossos sentimentos, nossas percepções, nossa sabedoria, nossa felicidade e nosso amor. Quando sabemos ser mais do que nossos pensamentos, podemos criar a determinação de não permitir que o pensamento assuma o controle e nos domine. Será que nossos pensamentos oferecem alicerce à nossa verdadeira intenção de vida? Se a resposta for negativa, devemos apertar o botão de *"reset"*. Se não estamos conscientes de nossos pensamentos, eles tomam conta da nossa mente. Eles não esperam serem convidados a entrar.

O hábito do pensamento negativo

A psicologia budista identifica ao menos duas áreas principais em nossa mente. A *mente inconsciente* é a parte inferior dela. É lá que todas as sementes de pensamentos e emoções que guardamos são

— 45 —

estocadas. Existem vários tipos de sementes: sementes de amor, de fé, de perdão, de alegria, de felicidade, e também sementes de sofrimento, como raiva, inimizade, ódio, discriminação, medo, agitação e assim por diante. Todas as qualidades, bem como as fraquezas de nossos ancestrais, nos foram transmitidas através dos nossos pais, e tais coisas habitam as profundezas de nossa consciência, na forma de sementes.

A mente inconsciente funciona como o porão de uma casa, enquanto a *mente consciente* é a parte superior, sua sala de estar. As sementes são guardadas no porão, e, quando uma delas é estimulada (ou, como costumamos dizer, "regada"), sobe e se manifesta na mente consciente. A partir desse momento, a semente abandona seu sono, transformando-se em uma zona de energia chamada *formação mental*. Tratando-se de uma semente saudável, como a *mindfulness* ou a compaixão, podemos desfrutar sua companhia. Porém, quando uma semente nada saudável é estimulada, ela poderá tomar conta da nossa sala de estar como um convidado desagradável.

Quando vemos televisão, por exemplo, é possível que a semente do desejo que reside em nosso interior seja estimulada. Nesse caso, ela sobe e se manifesta na mente consciente, como energia de desejo. Outro exemplo: quando a semente da raiva está dormindo dentro de nós, ficamos felizes e nos sentimos alegres. No entanto, quando alguém se aproxima dizendo ou fazendo algo que regue a semente da raiva, ela se manifesta na mente consciente como uma zona de energia de raiva.

Devemos exercitar tocar e regar as sementes saudáveis para que elas possam se manifestar em nossa vida diária, e *não* as sementes do ódio ou do desejo. No budismo, isso é chamado de prática de dili-

Silêncio

gência. No Plum Village, chamamos de rega seletiva. Por exemplo: quando as sementes da violência e do ódio permanecem tranquilas e quietas em nossa mente inconsciente, sentimos bem-estar. Porém, se não sabemos como lidar com nossa consciência, tais sementes não permanecerão dormindo, serão regadas e se erguerão. É importante estarmos atentos quando uma semente nada saudável se manifestar na mente consciente, para que não a deixemos se desenvolver. Sempre que você notar uma formação mental desagradável se manifestando, desperte a semente da *mindfulness* como uma segunda energia em sua mente consciente, para que ela possa reconhecer, tocar e acalmar a formação mental negativa. Dessa forma, você poderá observar profundamente a negatividade e entender sua causa.

Grande parte de nós guarda sofrimento e rancor em nosso íntimo. Se sofremos opressão ou maus tratos no passado, essa dor continua viva, enterrada em nossa mente inconsciente. Quando isso acontece, não processamos nem transformamos nosso relacionamento com o que aconteceu e vivemos com toda essa raiva, ódio, desespero e sofrimento. Se fomos abusados quando jovens, sempre que nossa mente se volta a tal acontecimento, revivemos o mesmo sofrimento. Repetidamente nos oferecemos ao abuso, ruminando alimentos tóxicos de nossa consciência.

Durante a infância, vivemos inúmeros momentos felizes. No entanto, não paramos de revisitar o desespero e outros estados mentais nada saudáveis. Uma boa ajuda é vivermos em um ambiente positivo, onde nossos amigos nos digam: "Querido, não fique ruminando, por favor." Normalmente, as pessoas costumam dizer: "Você quer conversar?" Mas nós perguntamos: "O que você está ruminando? Velhos sofrimentos?" Podemos ajudar uns aos outros a interromper um hábito de pensamento negativo e restabelecer o contato com as maravilhas que existem no interior de nossos corpos e ao nosso redor. Podemos nos ajudar a não evocar os fantasmas do sofrimento e do desespero que pertencem ao passado.

Nossos pensamentos no mundo

Muitas vezes, nossos pensamentos ficam dando voltas em círculos. Fazendo isso, perdemos a alegria de viver. A maior parte de nossos pensamentos não é apenas inútil, mas pode causar danos. É possível imaginar que não causamos dano quando estamos simplesmente pensando em alguma coisa, mas a verdade é que os pensamentos que vagam sem rumo em nossa mente também viajam ao mundo que nos rodeia. Da mesma maneira como uma vela irradia luz, calor e cheiro, nossos pensamentos se manifestam de várias maneiras, inclusive por meio da fala e das ações.

Somos perpetuados por nossas visões de mundo e pensamentos.

Tudo isso são filhos que geramos a cada momento.

Quando alguém ao nosso redor está se sentindo mal ou vive ruminando pensamentos negativos, nós percebemos. Sempre que temos uma ideia formada (seja sobre nós ou sobre o mundo, sobre o passado ou sobre o futuro), de alguma maneira emitimos os pen-

Silêncio

samentos e visões de mundo que são a base de tal ideia. Todos produzimos pensamentos, e nossos pensamentos carregam nossas visões de mundo e a energia do que sentimos.

Quando estamos presos em pensamentos negativos e preocupações, é fácil criarmos mal-entendidos e ansiedade. Quando paramos de pensar e acalmamos nossa mente, criamos mais espaço e flexibilidade.

Portanto, todos temos escolha. *Você* tem uma escolha. Seus pensamentos podem fazer com que você e o mundo ao seu redor sofram mais ou menos. Caso queira criar uma atmosfera mais amigável e harmoniosa em seu local de trabalho ou comunidade, não comece tentando mudar os demais. Sua prioridade deve ser encontrar um espaço de tranquilidade no interior do seu corpo, para assim aprender mais sobre si mesmo. Isso inclui tentar reconhecer e compreender seu próprio sofrimento. Quando sua prática for sólida e você tiver conseguido colher os frutos mais doces do autoconhecimento, pense em maneiras de criar espaço para o silêncio, para uma observação profunda, para a compreensão e para a compaixão em seu local de trabalho ou comunidade.

Mindfulness significa resgatar sua consciência

Não pensar é uma arte e, assim como qualquer arte, requer paciência e prática. Recuperar nossa atenção e reunir mente e corpo, mesmo que durante o espaço de dez respirações, pode ser uma tarefa bem difícil, sobretudo no começo. Porém, com a continuidade da prática, você recuperará sua habilidade de estar presente e aprenderá a simplesmente *estar*.

Encontrar alguns minutos para se sentar em silêncio é a maneira mais fácil de começar a treinar a si mesmo quanto ao abandono dos seus pensamentos habituais. Quando se senta em silêncio, você pode observar como seus pensamentos viajam e pode praticar a não ruminação, deixando os pensamentos livres para surgirem e irem embora, focando em sua respiração e no silêncio no interior do seu corpo.

Conheço algumas pessoas que não gostam de se sentar quietas. Elas não relaxam dessa maneira. Algumas chegam a considerar doloroso. Uma mulher que conheço chegou à conclusão de que nunca poderia meditar, pois isso simplesmente "não funcionava". Ao ouvir isso, eu a convidei para um passeio. Eu não disse que faríamos uma "meditação caminhando", mas caminhamos lentamente, com atenção, desfrutando o ar, a sensação de nossos pés tocando o chão, sempre juntos. Quando voltamos, seus olhos brilhavam e ela parecia mais leve e renovada.

Se você puder separar alguns minutos para si, para

acalmar seu corpo,

suas sensações e sua percepção, a alegria se torna possível.

A alegria da calma verdadeira se transforma

em um alimento diário e curativo.

Silêncio

Caminhar é uma ótima forma de espairecer a mente sem tentar espairecê-la. Ninguém diz: "Agora vou praticar meditação caminhando!" ou "Não vou pensar em nada!". A gente simplesmente caminha, e, quando focamos na caminhada, a alegria e a consciência surgem naturalmente.

Para realmente desfrutar dos passos que dá enquanto caminha, permita que sua mente se distancie completamente de todas as preocupações e projetos. Você não precisa dedicar muito tempo nem esforço à preparação para não pensar. Com uma primeira inspiração consciente, o processo se inicia. Ao inspirar, você dá um passo. Com essa inspiração, você ganha dois ou três segundos para deter a maquinaria mental. Se a estação de rádio Pensando Sem Parar continuar ligada, não deixe que a energia da dispersão o carregue, como se fosse um tornado. Para muitos de nós, isso acontece o tempo todo: em vez de vivermos nossas vidas, permitimos, dia após dia, sermos arrastados por outras forças. Com a prática da *mindfulness*, você poderá se manter ancorado ao momento atual, em que a vida e suas maravilhas são reais e estão disponíveis para o seu desfrute.

No início, você pode precisar de um pouco mais de tempo, talvez dez ou vinte segundos de respiração consciente, antes de conseguir deixar seus pensamentos de lado. Dê um passo a cada inspiração e outro a cada expiração. Caso sua atenção saia voando, traga-a de volta à sua respiração, com calma.

Dez ou vinte segundos não é muito tempo. Um impulso nervoso, uma ação em potencial, necessita de apenas um milésimo de segundo. Ofereça a si mesmo vinte mil milésimos de segundo para deter o fluxo incessante dos pensamentos. Se preferir, ofereça ainda mais tempo a essa tarefa.

Nesse curto espaço de tempo, você poderá desfrutar a alegria, o júbilo e a felicidade de parar. Nesse momento de parada, seu corpo poderá curar a si mesmo. Sua mente também é capaz de curar a si mesma. Não existe nada nem ninguém capaz de evitar que você leve adiante a alegria produzida após um segundo passo, uma segunda respiração. Seus passos e sua respiração sempre estarão à sua disposição, sempre dispostos a ajudá-lo a curar a si mesmo.

Enquanto caminha, você poderá notar sua mente sendo atraída por uma velha e conhecida energia de raiva ou desejo. Na verdade, esse tipo de energia *sempre* nos atrai, seja lá o que estivermos fazendo, até mesmo durante o sono. A *mindfulness* é capaz de reconhecer essa energia tão habitual. E, reconhecendo-a, simplesmente ofereça--lhe um sorriso — e um gentil banho de *mindfulness*, de caloroso e espaçoso silêncio. Com essa prática, você poderá deixar de lado qualquer energia habitual de caráter negativo. Enquanto caminha, enquanto está deitado, enquanto lava a louça, enquanto escova os dentes, sempre é possível exercitar a prática de oferecer a si mesmo esse enorme e caloroso abraço de silêncio.

O silêncio não significa simplesmente não fazer nada. Grande parte do ruído que ouvimos vem do falatório incessante em nossas cabeças. Nós pensamos e repensamos, dando inúmeras voltas em círculos. É por isso que, ao princípio de cada refeição, devemos nos lembrar de comer apenas nossos alimentos, nunca nossos pensamentos. Devemos exercitar uma *mindfulness* ao ato de comer. Não pense, simplesmente permaneça atento aos alimentos e às pessoas ao seu redor.

E não estou dizendo que não deveríamos pensar nunca, nem que deveríamos reprimir nossos pensamentos. Estou simplesmente

Silêncio

dizendo que, enquanto caminhamos, deveríamos nos oferecer o presente de uma pausa em nossos pensamentos, mantendo nossa atenção voltada à respiração e aos passos que damos. Se realmente precisamos pensar em alguma coisa, podemos parar de caminhar e dedicar toda nossa atenção a tal pensamento.

Respirar e caminhar em estado de *mindfulness* nos deixa em contato com os milagres da vida ao nosso redor, e nossos pensamentos compulsivos se dissiparão naturalmente. A felicidade surge quando ficamos mais atentos às várias maravilhas que temos à mão. Se existe uma lua cheia no céu, mas estamos ocupados pensando em outra coisa, a lua desaparece. Porém, se prestamos atenção à lua, nossos pensamentos se detêm de forma natural. Não precisamos fazer força nem lutar contra nós mesmos para evitar os pensamentos.

Não falar, por si só, pode nos trazer uma boa

carga de paz.

Se também pudermos oferecer a nós mesmos o silêncio

ainda mais profundo do não pensamento, encontraremos,

nessa calma, uma maravilhosa leveza e liberdade.

———

Afastar nossa atenção dos pensamentos e trazê-la de volta ao que está *realmente* acontecendo no presente é uma prática básica da *mindfulness*. Podemos fazer isso em qualquer momento, em qualquer lugar, encontrando maior prazer na vida. Enquanto cozinhamos, trabalhamos, escovamos os dentes, lavamos roupa ou comemos, podemos desfrutar esse silêncio refrescante, longe dos nossos pensamentos e conversas.

A verdadeira prática da *mindfulness* não exige a meditação sentada nem qualquer prática externa. Ela envolve uma observação profunda e a descoberta de nosso silêncio interno. Se não pudermos fazer isso, não seremos capazes de controlar nossas energias de violência, medo, covardia ou raiva.

Com nossa mente agitada e barulhenta, buscar a calma é uma mera pretensão. Porém, quando encontramos espaço e calma dentro de nós, somos capazes de irradiar paz e alegria sem fazer esforço. Somos capazes de ajudar os demais a criar um ambiente mais curativo ao nosso redor — sem dizer uma única palavra.

Espaço para realizar sonhos

Certas vezes, nós nos apegamos a sonhos grandiosos, mas essencialmente vazios. E isso pode acontecer por estarmos tão ocupados tentando vencer mais um dia que não parece possível vivermos de acordo com nossos desejos mais profundos e genuínos. Mas a verdade está à nossa frente, em nossa vida cotidiana, e cada respiração e cada passo que damos pode se tornar uma peça importante à concretização de nossos verdadeiros sonhos. Por outro lado, perseguindo sonhos pré-fabricados (após nos convencermos de que tal coisa é o melhor que poderíamos alcançar), sacrificamos nosso precioso

Silêncio

tempo vivendo e adorando ambições vazias, sem qualquer significado real. E somos capazes de hipotecar nossas vidas por tais coisas. Muita gente só chega a essa triste percepção em seu leito de morte ou em seus últimos anos de vida. De repente, essas pessoas se perguntam o real valor de décadas de trabalho e estresse. Elas podem ter se tornado "vítimas do próprio sucesso", e isso significa que alcançaram a riqueza e a fama a que almejavam, mas nunca tiveram tempo nem espaço para desfrutar suas vidas e conectar-se com as pessoas que amaram. Elas sentiam a necessidade de seguir em frente a cada novo dia, simplesmente para não perderem o status conquistado.

Porém, ninguém se torna vítima da própria felicidade. Ao transformar o caminho da felicidade em prioridade, você também poderá alcançar maior sucesso no trabalho. É bem comum que pessoas mais felizes e que vivem em paz alcancem maior qualidade em seus trabalhos. No entanto, você precisa decidir qual é sua mais profunda aspiração. Algumas pessoas querem praticar a *mindfulness* para alcançar um maior êxito em seus negócios ou sua carreira, não para se tornarem mais felizes e ajudar os demais. Não foram poucas as pessoas que me perguntaram: "Eu posso utilizar a prática da *mindfulness* para ganhar mais dinheiro?"

Se você pratica verdadeiramente a *mindfulness*, ela nunca lhe causará dano. Se a prática não lhe trouxer mais compaixão, não se trata de *mindfulness*. Se seus sonhos não se concretizarem, você poderá decidir que precisa fazer mais coisas, pensar mais e montar novas estratégias. Na verdade, talvez você precise de menos (menos ruído vindo de dentro e de fora do seu corpo), a fim de conseguir espaço para que suas verdadeiras intenções germinem e floresçam.

— 55 —

Prática:
parar e deixar de lado

Parar une nossos corpos e mentes e nos traz de volta ao aqui e agora. Somente ao parar você poderá perceber a calma e a concentração e reencontrar-se com a vida. Sentando-se em calma, detendo as atividades do corpo e da mente, e ficando em silêncio consigo mesmo, você se tornará mais sólido e concentrado, e sua mente ficará mais clara. Só então será possível permanecer atento ao que está acontecendo no interior do seu corpo e ao seu redor.

Comece detendo a corrida física a que você submete o seu corpo. Quando seu corpo ficar parado, quando você não precisar prestar atenção em nada além da sua respiração, será muito mais fácil para sua mente abandonar a corrida constante e habitual, embora isso talvez exija certo tempo e prática.

Quando aprender a deter sua mente, com o corpo parado, você também será capaz de deter sua mente quando o corpo estiver em movimento. Foque na maneira como sua respiração se combina aos movimentos físicos de suas atividades diárias. É possível conviver com a consciência e deixar de lado o esquecimento constante.

Assim como tudo neste mundo, seus pensamentos não são permanentes. Se você não se mantiver atado a um pensamento, ele surgirá, permanecerá ao seu lado por um tempo e, depois, desaparecerá. Atar-se a pensamentos e nutrir desejos como riqueza, fama ou prazeres sensuais pode nos levar à dependência ou à obsessão, guiando-nos por caminhos perigosos e causando sofrimento a nós mesmos e aos demais. Ao reconhecer pensamentos e desejos, e per-

Silêncio

mitir que eles surjam e desapareçam, você terá espaço para se nutrir e entrar em contato com suas reais aspirações.

Sinta-se livre para criar seus próprios versos e incluí-los na meditação guiada proposta a seguir:

> *Inspirando, fico atento aos meus pensamentos.*
> *Expirando, fico atento à sua natureza impermanente.*
> *(Pensamentos. Impermanência.)*

> *Inspirando, fico atento ao meu desejo de riqueza.*
> *Expirando, fico atento à impermanência da riqueza.*
> *(Atento ao desejo de riqueza. Impermanência.)*

> *Inspirando, percebo que desejar riqueza pode gerar*
> *sofrimento.*
> *Expirando, eu me livro do desejo.*
> *(Atento ao desejo. Livrando-se dele.)*

> *Inspirando, fico atento ao meu desejo de prazeres sensuais.*
> *Expirando, eu sei que o desejo sensual é naturalmente*
> *impermanente.*
> *(Atento ao desejo sensual. Impermanência.)*

> *Inspirando, fico atento ao perigo do desejo dos prazeres*
> *sensuais.*
> *Expirando, eu me livro do desejo dos prazeres sensuais.*
> *(Atento ao desejo. Livrando-se dele.)*

THICH NHAT HANH

Inspirando, contemplo deixar tudo de lado.
Expirando, eu desfruto a alegria de deixar tudo de lado.
(Contemplar deixar de lado. Deixar de lado.)

três

Silêncio ensurdecedor

A necessidade de nos preencher com uma coisa ou outra o tempo inteiro é uma doença coletiva para os seres humanos de nossa era. O mercado está sempre pronto a nos vender todo tipo de produtos para preencher o vazio de nossa vida. Os publicitários não param de nos assustar com o discurso de que devemos abandonar nosso estilo de vida patético e adquirir esse ou aquele item. Grande parte do que consumimos, contudo, sejam alimentos comestíveis ou impressões sensoriais, está carregada de toxinas. Assim como podemos nos sentir piores após comermos um pacote inteiro de batata frita, naturalmente nos sentimos piores após termos passado muitas horas visitando as redes sociais ou jogando videogame. Consumindo dessa maneira, em um esforço para bloquear ou encobrir sentimentos desagradáveis, simplesmente terminamos nos sentindo ainda mais solitários, raivosos e desesperados.

Devemos parar de consumir alimentos sensoriais como uma reação à necessidade compulsiva de evitar a nós mesmos. Mas isso não significa que deveríamos nos forçar a parar de utilizar nossos telefones ou a internet de uma vez por todas. Assim como precisamos de alimentos comestíveis, também precisamos de alimentos sensoriais. No entanto, podemos ser muito mais conscientes e inteligentes ao escolher o tipo de alimento sensorial que ingerimos, e, sobretudo, devemos saber por que escolhemos consumi-los em determinado momento.

Muitas pessoas checam seus e-mails várias vezes ao dia, procurando algo novo, embora na maior parte das vezes não encontrem nada. A única maneira segura de nos oferecermos algo realmente novo (uma sensação de frescor, de estarmos felizes, tranquilos) é abrindo espaço, em nosso interior, à prática da *mindfulness*, ou atenção plena.

Deixando para lá

Muitos mestres Zen disseram que não pensar é a chave para a meditação com *mindfulness*. Meditar não significa sentar-se quieto e pensar! Quando o pensamento toma a dianteira, perdemos contato com nosso corpo e com nossa consciência maior. Nós, humanos, costumamos nos prender exageradamente aos nossos pensamentos, ideias e emoções. Acreditamos que essas coisas são reais e que as deixar para trás seria como abrir mão da própria identidade.

Se você se parece com a maior parte das pessoas, provavelmente imagina existir algumas condições ainda não realizadas que devem

Silêncio

ser alcançadas para que você possa ser feliz. Pode ser um diploma, uma promoção no trabalho, um aumento de salário ou uma mudança de status no seu relacionamento. No entanto, essa crença pode ser exatamente o que o impede de ser feliz. Para se livrar de tudo isso e abrir espaço para que a verdadeira felicidade se manifeste, em primeiro lugar você deve encarar a verdade de que esse ideal o faz sofrer. É possível que você conviva com ele há dez ou vinte anos sem nunca ter entendido que ele interfere na sua capacidade natural de ser feliz.

Certa noite, eu sonhei que era um estudante universitário com cerca de vinte anos. E eu tinha mais de sessenta anos quando tive esse sonho. Porém, dormindo, imaginei ser bem mais jovem. Eu acabara de conseguir me matricular em uma disciplina complicada, com um professor muito distinto, o mais requisitado da universidade. Maravilhado por ter a chance de ser aluno desse homem, fui à secretaria perguntar em que sala ele iria lecionar. Ao fazer minha pergunta, uma pessoa muito parecida comigo entrou na secretaria. A cor de sua roupa, seu rosto, tudo era *idêntico*. Fiquei muito surpreso. Aquela pessoa seria eu... ou não? Perguntei à secretária se o jovem que acabara de entrar estaria na mesma turma que eu. Ela respondeu: "Não, de jeito nenhum. Você, sim, mas ele... não."

A aula aconteceria no último andar do prédio, naquela mesma manhã. Por isso subi com pressa, pois queria chegar a tempo, mas no meio das escadarias me perguntei em voz alta: "Qual é mesmo o tema da aula?" Alguém que estava perto de mim respondeu: música. Eu fiquei surpreso, pois não era aluno de música.

Quando cheguei à porta da sala, olhei para dentro e havia mais de mil alunos reunidos, uma verdadeira assembleia. Através da janela que dava para o exterior do prédio, vi uma linda paisagem, com picos de montanhas nevadas, além da lua e das constelações do céu. Fiquei profundamente comovido por toda aquela beleza. Porém, quando o professor estava prestes a entrar, alguém me disse que faríamos apresentações de música e que eu seria o primeiro. Fiquei completamente perdido. Eu não sabia nada sobre música. Procurei nos meus bolsos, pois queria encontrar algo que pudesse me ajudar, e senti o toque de algo metálico. Peguei o objeto. Era um pequeno sino. E disse a mim mesmo: "Isso é música. É um instrumento musical. Eu posso me apresentar com este sino... Sim, eu posso." Já estava pronto, mas, quando alguém anunciou que o professor entraria, acordei. E foi uma pena. Se o sonho tivesse seguido em frente por mais dois ou três minutos, eu o teria visto e conheceria o extraordinário professor que todos adoravam.

Após ter despertado, tentei me lembrar dos detalhes do sonho e entender seu significado, chegando à conclusão de que o jovem da secretaria também era eu, mas talvez continuasse preso a certos pontos de vista e por isso não fosse livre o suficiente para ser aceito naquela aula. Ele poderia ser um antigo aspecto da minha personalidade, que deixei para trás ao ganhar o *insight* que me ajudou a vencer o apego a certas crenças.

Deixar para trás implica livrar-se de *alguma coisa*. E essa coisa pode ser uma simples criação da mente, uma percepção ilusória sobre algo, mas não a realidade. Tudo é objeto da nossa mente, e todos os objetos são tingidos pelas cores da nossa percepção. Temos uma ideia e, sem percebermos, essa ideia nos tem como prisioneiros

Silêncio

atrás de suas grades. Podemos ficar assustados por conta dela. Podemos até ficar doentes. É possível que essa ideia nos traga muita infelicidade e preocupação, e sentimos vontade de nos libertar. No entanto, *querer* se libertar não é suficiente. Precisamos nos oferecer espaço e calma suficientes para sermos livres.

Algumas vezes, precisamos de um pouco mais de tempo para observar atentamente uma ideia ou emoção e descobrir suas raízes. A verdade é que as ideias vêm do nada, podendo ter sido formadas em nossa infância ou mesmo antes do nosso nascimento. Ao reconhecermos as raízes de uma ideia ou emoção, podemos começar a nos livrar dela.

O primeiro passo é parar de pensar. Precisamos nos voltar à nossa respiração e acalmar nossos corpos e mentes. Isso nos proporcionará mais espaço e clareza para que possamos nomear e reconhecer a ideia, desejo ou emoção que nos perturba, cumprimentá-la e dar a nós mesmos a permissão para nos livrarmos dela.

Encontrando respostas sem pensar

Isso não quer dizer que não temos o direito de pensar. Recentemente, uma irmã monástica me disse: "Tenho tantos problemas para resolver, e se você me disser que não devo pensar, como resolver essas coisas?" No entanto, apenas o *pensamento correto* é verdadeiramente útil. O pensamento correto nos oferece bons frutos. Em geral, 90% ou mais dos nossos pensamentos não são os corretos. Eles simplesmente nos deixam caminhando em círculos, e não levam a nada. Quanto mais pensamos, mais dispersão e agitação causamos às nossas mentes e corpos. Esse tipo de pensamento não resolve nenhum problema.

O pensamento correto exige *mindfulness* e concentração. Imagine que precisamos resolver um problema. Demoraremos muito mais a encontrar uma solução se aplicarmos um pensamento errado à questão. Precisamos oferecer à nossa mente consciente certo descanso e permitir à mente inconsciente que procure uma solução. Precisamos "pisar no freio" intelectual e emocional e entregar o problema ou desafio à nossa mente inconsciente, da mesma maneira que, após plantar uma semente, confiamos no trabalho do céu e da terra. Nossa mente pensante, ou mente consciente, não é o solo, mas apenas a mão que planta a semente e cultiva o solo por meio da prática da *mindfulness* frente a tudo o que fazemos durante o dia. A mente inconsciente é o solo fértil que ajudará a semente a germinar.

Após enterrar essa semente no solo de nossa mente inconsciente, precisamos de paciência. Enquanto dormimos, a mente inconsciente trabalha. Enquanto conversamos, enquanto respiramos, se não permitimos que nosso pensamento interfira no processo, a mente inconsciente trabalha. Até que, certo dia, a solução aparece, pois não nos refugiamos na mente pensante, mas, sim, em nossa mente inconsciente.

Ao treinar a meditação, podemos entregar nossos questionamentos e dificuldades à mente inconsciente. Devemos confiar nela e usar nossa *mindfulness* e concentração para ajudar a regar a semente e cuidar do solo. Um, dois, alguns dias mais tarde, uma solução aparecerá, e esse será um momento de despertar, um momento de iluminação.

Silêncio

A essência da tranquilidade

Quando nos livramos de nossas ideias, pensamentos e conceitos, abrimos espaço à nossa verdadeira mente. Na mente verdadeira há o silêncio de todas as palavras e ideias, e é muito mais vasta do que as construções mentais limitadas. Apenas quando o oceano está calmo e tranquilo, podemos ver a lua refletida nele.

O silêncio é, sobretudo, algo que vem do coração, não de um conjunto de condições externas ao nosso corpo. Viver em um local silencioso não significa passar a vida mudo, sem se envolver nem fazer nada. Simplesmente significa que não somos *perturbados* por dentro, não há um falatório constante. Se somos verdadeiramente silenciosos, não importa o que nos aflija, sempre é possível desfrutar o doce espaço do silêncio.

Em certos momentos, imaginamos estar em silêncio, pois não existe qualquer som ativo ao nosso redor. No entanto, se não acalmarmos nossa mente, a conversa segue presente no interior da nossa cabeça. Não existe silêncio verdadeiro. Devemos praticar a busca pelo silêncio em todas as atividades que fazemos.

Tente alterar sua maneira de pensar e de observar.

Sentar-se para almoçar pode ser uma boa oportunidade para oferecermos a doçura do silêncio a nós mesmos. Embora outras pessoas possam estar falando, temos a habilidade de nos distanciarmos dos pensamentos habituais e vivermos um real silêncio interior. Podemos estar em um local lotado, mas ainda assim desfrutando do silêncio e até da solidão.

THICH NHAT HANH

Perceba que o silêncio vem do seu coração,

não da ausência de conversas.

————

Da mesma maneira que o silêncio interior não exige um silêncio externo, a solidão não necessariamente significa que você precisa estar só. Você percebe o profundo significado de estar só quando se estabelece firmemente no aqui e agora, atento ao que está acontecendo neste momento. E, ao usar sua *mindfulness* para observar todas as sensações, todas as percepções, você percebe o que acontece à sua volta, mas permanece completamente presente em seu interior. Você não se deixa levar pelas condições que o cercam. É isso a solidão real.

Silêncio alegre ou opressor

Certas vezes, quando pensamos no silêncio, pensamos em uma restrição forçada, como no caso de uma ditadura que extermina a liberdade de expressão. Ou então pensamos no velho ditado de que "as crianças devem ser vistas, mas não ouvidas". Ou pensamos em um membro de uma casa proibindo que os demais toquem em assuntos sensíveis. Esse tipo de silêncio é opressor e só piora a situação.

Algumas pessoas sofreram esse tipo de silêncio castrador em suas próprias famílias. Quando pai e mãe brigam, costuma haver logo após um silêncio doloroso, e a família inteira sofre com isso. Se

Silêncio

todos estão raivosos e ansiosos, manter o silêncio poderá aumentar os níveis de raiva e ansiedade coletivos. Com tanta tensão, alcançar esse tipo de silêncio pode ser algo muito negativo. Não podemos aguentar um silêncio dessa natureza por muito tempo. Ele nos mata. Mas o silêncio voluntário é bem diferente. Quando sabemos como nos sentar com os demais, como respirar com os demais, como nos conectar com o espaço sempre disponível em nosso interior, gerando uma energia de paz, relaxamento e alegria, essa energia coletiva do silêncio é muito curativa, muito nutritiva.

Imagine que você está sentado ao ar livre, observando o brilho do sol, as lindas árvores, a grama e as pequenas flores que surgem em todos os pontos. Se você relaxar sobre a grama e respirar calmamente, poderá ouvir o som dos pássaros e a música do vento brincando entre as árvores. Mesmo em uma cidade, você poderá ouvir os sons dos pássaros e do vento. Se você souber como acalmar seus pensamentos agitados, não precisará se voltar a um consumo irracional na tentativa fútil de escapar de sentimentos desconfortáveis. Você poderá simplesmente ouvir um som, mas ouvi-lo profundamente e desfrutar esse som. Dessa forma, haverá paz e alegria no que você ouvir, e seu silêncio será um silêncio poderoso. Esse tipo de silêncio é dinâmico e construtivo. Não é do tipo que nos reprime.

No budismo, nós o chamamos de silêncio retumbante. Ele é muito eloquente, cheio de energia. Muitas vezes, fazemos retiros em que milhares de pessoas praticam a respiração consciente, inspirando e expirando juntas, em silêncio. Se você já participou de algo assim, sabe o quão poderoso pode ser um silêncio livremente compartilhado.

— 69 —

Aliás, você já percebeu como as crianças, mesmo as mais jovens, são capazes de desfrutar o silêncio? Existe algo muito relaxante nessa história. No Plum Village, crianças de todas as idades comem e caminham juntas em silêncio, com grande alegria. Em nosso centro de retiro, não vemos televisão nem brincamos com jogos eletrônicos. Um amigo meu, em sua primeira viagem ao Plum Village, não parava de espernear e gritar. Na época, ele tinha oito anos. Esse menino e seus pais chegaram de carro, vindos de Paris, e o menino não queria descer do veículo, pois sabia que, fazendo isso, não poderia ver televisão nem jogar videogame durante uma semana. Mas ele sobreviveu, fez amigos, e no último dia não queria ir embora. Hoje, ele e seus pais vão todos os anos ao retiro, e o menino adora. Ele tem quase 16 anos.

Silêncio nobre

Uma calma consciente e intencional é um silêncio nobre. Certas pessoas acham que o silêncio precisa ser sério, mas existe uma leveza no silêncio nobre. O silêncio nobre é uma espécie de silêncio que pode nos oferecer tanta alegria quanto uma boa risada.

O silêncio nobre nos oferece uma chance de reconhecermos como nossa energia habitual se manifesta na maneira como reagimos às pessoas e às situações que nos rodeiam. Algumas pessoas escolhem praticar uma ou duas semanas de silêncio, outras chegam aos três meses ou mais. Após tanto tempo em silêncio, somos capazes de transformar a maneira como reagimos a uma série de situações. Esse silêncio é chamado de nobre porque tem o poder de curar.

Silêncio

Quando você pratica o silêncio nobre, não está apenas evitando falar, mas acalmando e tranquilizando seus pensamentos. Você está desligando a estação de rádio Pensando Sem Parar. Podemos reconhecer o silêncio nobre em outra pessoa observando a maneira como ela se comporta. Algumas pessoas parecem estar sempre em silêncio, mas não cultivam um silêncio real. Elas simplesmente estão em outro lugar, não estão presentes nem disponíveis à vida, a si mesmas nem a você. Outras pessoas têm uma atitude que parece gritar, ainda que estejam de boca fechada. Você já pode ter tido a experiência de estar ao lado de uma pessoa que não dizia nada, mas por algum motivo sentiu que essa pessoa o criticava. Esse não é um silêncio nobre, pois o silêncio nobre promove a compreensão e a compaixão. Portanto, fique atento: mesmo não dizendo nada com palavras, você poderá estar reagindo de maneira forte em seu interior, e as pessoas que observam seu rosto poderão perceber tudo isso.

Respirar de maneira consciente e manter-se atento à maneira como você reage frente às pessoas e aos acontecimentos ao seu redor é uma prática profunda. Em vez de reagir, em vez até de pensar, permita-se simplesmente *ser*. Pratique a *mindfulness* para se conectar com sua respiração, com seus passos, com as árvores, com as flores, com o céu azul e com o brilho do sol.

Você pode escolher o que focar e, portanto, o que *ser*. Você pode escolher ser sua inspiração ou sua expiração. Você pode escolher ouvir com toda atenção o som da chuva ou do vento e, de alguma maneira, estará conectado com a chuva ou o vento. Ouvir os sons dessa maneira pode ser muito divertido. Quando está em contato com elementos tão curativos e refrescantes, você está sendo, não pensando.

Praticando dessa maneira, quando estiver solto pelo mundo, você poderá escutar a buzina de um carro ou uma pessoa gritando ou ver algo nada agradável, mas será capaz de reagir com compaixão. Ao enfrentar qualquer tipo de provocação, você poderá manter seu silêncio nobre, sua compostura e sua paz.

Ação silenciosa

Algumas pessoas acreditam que o silêncio é uma forma de fraqueza ou de se afastar do mundo. No entanto, existe uma grande força no silêncio. Em um famoso texto budista, um capítulo chamado Lotus Sutra fala sobre um bodhisattva — um ser de grande compaixão — chamado Rei da Medicina. No budismo maaiana, os bodhisattva são descritos como cada um dos braços e mãos de Buda, e cada um deles representa um tipo diferente de ação. Diz a lenda que, em uma encarnação anterior, o Rei da Medicina era chamado de "o bodhisattva que todo mundo fica feliz ao ver". De tempos em tempos, encontramos uma pessoa assim, alguém que todos gostamos de ver. Seja criança ou adulto, a sua presença é tão maravilhosa, refrescante e agradável que todos ficam felizes ao encontrá-la.

O bodhisattva Rei da Medicina praticava a devoção e o amor. Quer dizer que nós devemos amar para alcançarmos o êxito em nossa prática de iluminação? A resposta é sim. O papel do afeto no crescimento de uma criança é muito importante. O papel do afeto no desenvolvimento do conhecimento e da compreensão também é essencial. A presença de uma mãe amorosa é crucial para o crescimento de um bebê, e a presença amorosa de um professor e de

Silêncio

alunos é muito importante para nos desenvolvermos em nossa prática. Precisamos de amor para podermos crescer e seguir em frente.

O Rei da Medicina se desenvolveu bem na sua vida espiritual e alcançou a liberdade e o *insight*. Ele já não se identificava apenas com o seu corpo. Virou um especialista em um tipo de concentração chamado "concentração que permite nos manifestarmos em todo tipo de corpo". Se precisasse virar uma criança, ele virava uma criança. Se precisasse ser mulher, ele se manifestava como mulher. Se precisasse ser um homem de negócios, ele poderia se manifestar como homem de negócios. Ele parou de acreditar que era dono do corpo no qual vivia, por isso conseguia se libertar do próprio corpo com tanta facilidade. O Rei da Medicina enxergava muito sofrimento, pobreza e crueldade ao seu redor. Como sacrifício, ele passou um óleo com fragrância em seu corpo, ateou fogo em si mesmo e permitiu ser queimado. O corpo do bodhisattva Rei da Medicina demorou milhões de anos para ser consumido pelas chamas. Durante esse tempo, o ensinamento ficou: para todos que o vissem, seu corpo em chamas era um lembrete silencioso do motivo do seu sacrifício.

Você já deve ter ouvido falar nos monges do Vietnã que se imolaram durante a guerra, na década de 1960. Tal ação foi baseada nesse capítulo do Lotus Sutra. Quem não enxerga o próprio corpo como si mesmo, às vezes decide utilizá-lo como meio para expressar uma mensagem. Quando os monges vietnamitas atearam fogo a si mesmos, estavam tentando enviar uma mensagem silenciosa, a mensagem mais forte possível, pois até então ninguém escutava os pedidos de ajuda das pessoas que sofriam. Esses monges estavam tentando dizer, por meio de ações em vez de palavras, que havia omissão, discriminação e sofrimento no Vietnã. Eles usaram seus corpos como tochas em um esforço para atrair atenção a tal sofrimento.

Se você não é livre, se enxerga seu corpo como sendo você mesmo, se acha que seu corpo se desintegrará quando você deixar de existir, não poderá fazer tal ação. Somente quando somos livres e capazes de nos enxergar de diversas formas, não apenas a partir do nosso corpo, podemos ter coragem e sabedoria para nos oferecermos como uma tocha humana.

O primeiro monge a se imolar, em 1963, foi Thich Quang Duc. *Quang* significa "vasto". *Duc* significa "virtude". Eu o conheci. Ele era uma pessoa muito amorosa. Ainda um jovem monge, eu pernoitei em seu templo, em Saigon. Naquela época, eu editava uma revista budista e estudava outras tradições espirituais, e o seu templo guardava uma coleção de revistas que empreguei em meu estudo.

Thich Quang Duc seguiu em um velho carro até uma encruzilhada de Saigon. Ele desceu do carro, banhou-se em gasolina, sentou-se em uma linda posição de lótus e acendeu um fósforo. Cinco horas mais tarde, sua imagem, sentado entre chamas no meio de uma encruzilha, tomou conta do mundo. Dessa maneira, as pessoas ficaram sabendo do sofrimento da população vietnamita. Um ou dois meses mais tarde, o regime foi deposto por um golpe militar, dando fim a uma política de discriminação e perseguição religiosa.

Eu estava em Nova York, na Universidade Columbia, ministrando um curso sobre psicologia budista, quando soube da morte de Thich Quang Duc pelo *The New York Times*. Muita gente se perguntou: "Isso não foi uma violação do mandamento de que não devemos matar?" Eu enviei uma carta ao dr. Martin Luther King Jr.

Silêncio

dizendo-lhe que não se tratava propriamente de um suicídio. Quando cometemos suicídio, estamos em desespero, não queremos continuar vivendo. Mas isso não aconteceu com Thich Quang Duc. Ele queria viver. Queria que seus amigos e outros seres humanos pudessem viver. Ele adorava viver. Mas era livre o suficiente para oferecer seu corpo como meio para enviar uma mensagem: "Nós estamos sofrendo e precisamos de ajuda." Graças à enorme compaixão que carregava dentro de si, ele foi capaz de se sentar, em total tranquilidade e perfeitamente concentrado, em meio às chamas. Eu aproveitei para relatar ao doutor King minha percepção de que, quando Jesus morreu na cruz, ele escolheu morrer pelo bem dos demais; não por estar desesperado, mas pela vontade de ajudar. E foi exatamente isso o que Thich Quang Duc fez. Ele não se lançou a tal ação por desespero, mas em nome da esperança e do amor, usando seu corpo para levar mudança a uma situação desesperadora.

É um tipo de oferenda. Thich Quang Duc e o Rei da Medicina não pretendiam oferecer apenas seus corpos em seus atos de autoimolação, mas sua forte determinação em ajudar os demais seres vivos. Essa extraordinária determinação foi a base para suas ações dramáticas, que conseguiram entregar uma mensagem inesquecível e silenciosamente levar adiante seu *insight* a toda a humanidade.

Eu não conto essas histórias por achar que você deveria fazer algo tão drástico, mas simplesmente para ilustrar o poder da ação silenciosa. Todos queremos alterar certas situações ou convencer alguém que faça alguma coisa. Se você pretende mudar algo no seu trabalho ou no seu relacionamento, e se já tentou conversar, mas não conseguiu resultados, pense na força que existe em uma ação silenciosa.

Thich Nhat Hanh

Prática:
curando

Com uma vida cotidiana repleta de correria, barulho e confusão, é fácil nos esquecermos de manter a atenção aos elementos benéficos e curativos que nos cercam, como o ar fresco, o sol e as árvores. O seguinte exercício pode ser praticado em qualquer lugar, em qualquer momento do dia. Tudo de que você precisa é estar em um lugar onde possa respirar confortavelmente, relaxar e sorrir. Um leve sorriso relaxa todos os músculos do seu rosto e acalma mente e corpo. Portanto, não fique apenas *dizendo* "sorria", mas realmente *sorria*. Se quiser, crie seus próprios versos nutritivos.

Você poderá se renovar ao entrar em contato com os elementos curativos que existem à sua volta. Também poderá recuperar imagens animadoras de sua mente inconsciente para nutrir-se delas. Quando estiver no meio de uma cidade agitada, por exemplo, lembre-se do que é estar em meio às montanhas ou à beira do mar.

Inspirando, presto atenção ao ar.
Expirando, desfruto do ar que expiro.
(Presto atenção ao ar. Sinto alegria.)

Inspirando, presto atenção ao sol.
Expirando, sorrio para o sol.
(Presto atenção ao sol. Sorrio.)

Inspirando, presto atenção às árvores.
Expirando, sorrio para as árvores.
(Presto atenção às árvores. Sorrio.)

Silêncio

Inspirando, presto atenção às crianças.
Expirando, sorrio para as crianças.
(Presto atenção às crianças. Sorrio.)

Inspirando, presto atenção ao ar puro do campo.
Expirando, sorrio para o ar puro do campo.
(Presto atenção ao ar puro do campo. Sorrio.)

Quando comemos, em geral, estamos com pressa. Às vezes nem nos sentamos para comer. Se isso acontece com você, dê-se ao luxo de comer com consciência, como deveria fazer um ser humano, não um robô que vive a toda velocidade. Antes de comer, reserve alguns minutos para se sentar, para sentir seu peso apoiado na cadeira (ou no chão), acalmar seus pensamentos e contemplar a comida. Pense em sua origem. A terra, o sol, a chuva, o trabalho e uma série de outras condições se reuniram para que você pudesse receber seus alimentos. Perceba sua sorte ao ter comida enquanto tanta gente passa fome.

Quando você se senta para desfrutar uma refeição com outras pessoas, reserve sua atenção à comida e às pessoas ao seu redor. Eis uma ótima oportunidade para gerar uma verdadeira comunhão.

Inspirando, estou atento à comida no meu prato.
Expirando, fico feliz por ter o que comer.
(Atento à comida. Me sinto grato.)

Inspirando, estou atento aos campos de cultivo.
Expirando, sorrio para os campos de cultivo.
(Atento aos campos de cultivo. Sorrio.)

Inspirando, estou atento às várias condições que trouxeram a comida ao meu prato.
Expirando, eu me sinto grato.
(Atento às condições. Me sinto grato.)

Inspirando, estou atento às pessoas que comem ao meu lado.
Expirando, fico grato por sua presença.
(Comem ao meu lado. Me sinto grato.)

quatro

Escuta profunda

Na maior parte do tempo, nossa mente está tão repleta de pensamentos que não temos espaço para ouvir a nós mesmos nem a ninguém mais. Nossos pais e professores devem ter repetido muitas vezes que devemos nos lembrar de uma série de coisas, palavras, noções e conceitos e acreditamos que esse estoque mental será útil em nossas vidas. Porém, quando tentamos manter uma conversa real com alguém, sentimos dificuldade na hora de escutar e entender o outro. O silêncio permite uma escuta profunda e uma resposta consciente, que são a chave para uma comunicação plena e honesta.

Vários casais que estão juntos há anos recorrem à *mindfulness* por não conseguirem mais ouvir um ao outro. Algumas vezes, um dos parceiros me diz: "Não adianta. Ela não escuta." E o outro: "Ele não vai mudar nunca. Conversar com ele é como conversar com uma porta." No entanto, é possível que a pessoa que reclama não abra espaço à escuta. Todos queremos que nosso parceiro nos entenda, claro, mas também devemos ter a habilidade de entendê-lo verdadeiramente. Muitos de nós vivem sobrecarregados. Não parecemos ter espaço necessário para realmente ouvir e entender os demais. Pensamos muito enquanto trabalhamos oito ou nove horas diárias, sem parar, e praticamente nunca voltamos nossa atenção à respiração nem a nada mais, simplesmente pensamos. E acreditamos que, se queremos o sucesso, não podemos fazer outra coisa além disso.

Ouvindo com calma

Recentemente, uma parisiense me pediu ajuda em seu trabalho como cinesióloga. Ela queria saber como atingir a maior eficiência possível em seu papel como consultora de saúde, gerando os melhores benefícios aos seus clientes. "Se você cultivar leveza e abertura em seu coração", eu lhe disse, "sua fala transmitirá um profundo *insight*, gerando uma comunicação verdadeira". E terminei com o seguinte:

Se queremos praticar a fala correta,

devemos antes separar um tempo

para observar profundamente o interior de nós mesmos,

Silêncio

e também o interior de quem estiver à nossa frente,

para que nossas palavras sejam capazes de criar um

entendimento mútuo,

aliviando o sofrimento dos dois lados.

————

Quando falamos, claro que só dizemos o que nos parece certo. Porém, algumas vezes, por conta da maneira como falamos, o ouvinte não nos entende e nossas palavras não alcançam o efeito desejado, não esclarecem nem melhoram o entendimento da situação. E devemos nos perguntar: "Estou falando por falar ou estou falando porque acho que essas palavras podem ajudar a curar alguém?" Quando nossas palavras são ditas com compaixão, baseadas no amor e na atenção que devotamos à nossa interconexão, nossa fala pode ser classificada como correta.

Quando damos uma resposta imediata a alguém, em geral apenas vomitamos o que sabemos ou reagimos no calor da emoção. Quando ouvimos a pergunta ou o comentário de outra pessoa, não separamos um tempo para escutar e observar profundamente o que está sendo dito. Simplesmente devolvemos uma réplica imediata e impensada. E isso não é útil.

Da próxima vez que alguém lhe fizer uma pergunta, não a responda imediatamente. Receba a pergunta ou o comentário e permita que tais palavras penetrem em seu corpo, deixando claro a quem fala que ele ou ela foi verdadeiramente ouvido. Todos nós, mas especialmente as pessoas que têm como profissão ajudar os demais, podemos nos beneficiar de um treinamento nessa habilidade. E devemos exercitá-la para nos sairmos bem. Acima de tudo, se não escutarmos profundamente a nós mesmos, não seremos capazes de escutar profundamente os demais.

Precisamos cultivar a dimensão espiritual de nossas vidas se quisermos ser livres, leves e estar verdadeiramente à vontade. Precisamos praticar para que possamos restaurar esse tipo de espaço. Somente quando conseguirmos abrir um espaço dentro de nós mesmos, poderemos realmente ajudar os demais. Se estou dando um passeio a pé ou andando de ônibus — não importa o lugar —, é muito fácil perceber se alguém emite uma sensação de abertura e acolhimento. É possível que você conheça gente assim... gente que você nem sequer conhece bem, mas com quem se sente à vontade, pois são pessoas simples e calmas, que parecem estar sempre bem. Elas não mantêm uma agenda sempre lotada.

Abrindo um espaço dentro de si mesmo, você encontrará esse tipo de gente e perceberá que algumas pessoas que o evitavam (sua filha adolescente, um parceiro com quem você discutiu, seu pai ou sua mãe) voltarão ao seu lado. No fundo, você não precisa fazer nem dizer nada. Não precisa tentar ensinar nada. Se estiver se exercitando, criando espaço e calma no interior de si mesmo, os demais serão atraídos pela sua abertura. As pessoas ao seu redor vão se sentir confortáveis com sua presença, pois será uma presença de qualidade.

Eis a virtude da falta de ação. Nós paramos de pensar, retornamos nossa mente ao nosso corpo e nos tornamos verdadeiramente presentes. A falta de ação é muito importante e não tem nada a ver com inércia ou passividade, trata-se de um estado de abertura dinâ-

Silêncio

mico e criativo. Tudo o que devemos fazer é nos sentar, bem despertos, bem leves, e, quando os demais vierem sentar-se ao nosso lado, imediatamente ficarão à vontade. Ainda que não tenhamos *feito* nada para ajudar, o outro receberá muito de nós.

Ter espaço para ouvir com compaixão é essencial se queremos ser um verdadeiro amigo, um colega leal, um pai ou parceiro de verdade. Ninguém precisa ser um profissional de saúde mental para saber escutar bem. Na verdade, existem muitos terapeutas que *não sabem* ouvir, pois vivem repletos de sofrimento. Eles estudam psicologia durante vários anos, conhecem muito bem as técnicas, mas no fundo nutrem sofrimentos que não foram capazes de curar e transformar. Ou talvez não tenham sido capazes de oferecer a si mesmos alegria e diversão, para assim equilibrar a dor que retiram de seus clientes, e por isso não têm espaço para ajudar de maneira muito eficiente. As pessoas pagam um bom dinheiro a esses terapeutas, voltando semana após semana, sempre na esperança de cura... Mas nenhum conselheiro será capaz de ajudar se não conseguir ouvir a si mesmo com compaixão. Os terapeutas e conselheiros são seres humanos que sofrem como todo mundo. Sua habilidade de escutar os demais depende, em primeiro lugar, da sua capacidade de ouvir, com compaixão, a si mesmos.

Se quisermos ajudar os demais, precisamos cultivar a paz interior. E essa paz nós criamos a cada passo, a cada respiração, para depois ajudar. Caso contrário, estaremos apenas fazendo com que os demais percam seu tempo —– e também seu dinheiro, se formos profissionais do ramo. O que todos precisamos, em um primeiro momento, é de tranquilidade e leveza, além de paz para nosso corpo e espírito. E só então seremos verdadeiramente capazes de escutar o outro.

Isso exige certa prática. Reserve um tempo, todos os dias, para ficar atento à sua respiração e aos seus passos, para trazer sua mente de volta ao corpo... para lembrar que você *tem* um corpo! Separe um tempo, todos os dias, para ouvir com compaixão a criança que você carrega dentro de si, para escutar as pequenas coisas que clamam para serem ouvidas. Depois, você saberá como ouvir os demais.

Escutando o som de um sino

Os sinos são utilizados em várias culturas ao redor do mundo, muitas vezes para ajudar as pessoas a se reunirem, para criar harmonia no interior de si mesmo e com os demais. Em muitos países asiáticos, todas as famílias têm ao menos um pequeno sino em suas casas. Você poderá utilizar o sino cujo som lhe pareça mais agradável. Use o som desse sino como um lembrete para respirar, para silenciar sua mente, para retornar ao seu corpo, para cuidar de si mesmo. No budismo, o som do sino é considerado a voz de Buda. Pare de falar. Pare de pensar. Volte-se à sua respiração. Escute-a com todo o seu ser.

Essa maneira de escutar permite que a paz e a alegria penetrem em todas as células do seu corpo. Você não escuta apenas com os ouvidos nem apenas com o intelecto. Você convida todas as células do seu corpo para participar da escuta do sino.

Um sino não exige muito espaço. Você poderia encontrar um lugar em uma mesa ou em uma prateleira, não importa onde more, mesmo que divida um quarto pequeno. Antes de convidar o sino à

Silêncio

sua casa, certifique-se de que seu som seja agradável. O sino não precisa ser grande, mas o som deve ser agradável.

Prepare-se sempre para escutar e receber o som do sino. Em vez de "tocar" o sino, "convide-o" para que soe. Olhe para o sino como se fosse um amigo, um ser iluminado que o ajuda a despertar e voltar para dentro de si mesmo. Se preferir, deixe o sino sobre uma pequena almofada, como um bodhisattva praticando meditação sentada.

Ao ouvir o sino, pratique inspirar e se livrar de toda a tensão acumulada, livrando o seu corpo, e especialmente a sua mente, do hábito da correria. Mesmo sentado, você muitas vezes continua correndo por dentro. O sino é uma boa oportunidade para que você se volte a si mesmo e desfrute suas inspirações e expirações a ponto de ser capaz de liberar a tensão e *realmente* parar. O sino, e sua reação a ele, ajudam a deter o incansável trem de pensamentos e emoções que vive atravessando o seu corpo, dia e noite.

De manhã, antes de ir trabalhar ou de levar as crianças à escola, sentem-se juntos e desfrutem a respiração ouvindo o sino tocar três vezes. Dessa maneira, você começará seu dia com alegria e paz. É ótimo poder se sentar, respirar (sozinho ou com a família) e ficar observando um objeto importante que guarda em sua casa ou uma árvore do lado de fora da janela, sorrindo. Isso pode se tornar uma prática regular, um refúgio confiável na sua própria casa ou apartamento. Você não precisará de muito tempo, e, ainda assim, a recompensa será muito gratificante. Trata-se de uma prática muito bonita: a prática da paz, da presença e da harmonia dentro de casa.

Thich Nhat Hanh

Sala de respiração

Use um quarto ou uma parte de um cômodo para a meditação. Não precisa ser um espaço grande. Se você tem apenas um cantinho, ele poderá funcionar perfeitamente, desde que o mantenha como um local calmo, reservado para a paz e a reflexão. Essa será sua sala de respiração, uma pequena sala de meditação. Quando um membro de sua família se sentar nesse lugar, os demais não devem tentar conversar com ele. Vocês precisam entrar em acordo e estabelecer que se trata de um local reservado à paz e à tranquilidade.

Eu o encorajo a sentar-se com todas as pessoas que moram na sua casa e fazer com que todos concordem que, sempre que a atmosfera ficar pesada, barulhenta ou tensa, qualquer um poderá se dirigir à sala de respiração e convidar o sino a tocar. Nesse momento, todos deverão praticar a inspiração e a expiração e buscar a restauração da calma, da paz e do amor perdidos graças a um pensamento bobo, uma palavra ou uma ação.

Sempre que alguém tiver um problema, notar um sentimento doloroso ou não estiver se sentindo em paz, essa pessoa terá o direito de ir até esse espaço, sentar-se, convidar o sino a tocar e respirar. E, enquanto essa pessoa estiver fazendo isso, os demais moradores da casa devem respeitá-la. Se forem bons nessa prática, todos vão parar o que estiverem fazendo, ouvir o som do sino e unir-se a essa respiração consciente e cheia de paz. Se quiserem, poderão acompanhar quem estiver na sala de respiração.

Portanto, se o seu parceiro não estiver de bom humor, se a pessoa que mora com você está preocupada, você poderá sugerir: "Vamos ouvir o sino e respirar juntos por alguns minutos?" Isso é mui-

Silêncio

to fácil de ser feito. Suponha que seu filho está chateado por conta de algo. Se você ouvir o som do sino, saberá que ele está respirando. Se parar o que estiver fazendo, também poderá desfrutar a respiração. Você estará oferecendo apoio ao seu filho. Além disso, na hora de dormir, também é interessante que todos se sentem juntos e desfrutem três vezes o som do sino, inspirando e expirando nove vezes.

As pessoas que praticam a respiração dessa maneira, com um pequeno sino, são capazes de desfrutar de muita paz e harmonia quando estão juntas. É isso o que eu chamo de verdadeira civilização. Não precisamos de vários equipamentos modernos para ser civilizados. Tudo de que precisamos é de um pequeno sino, um lugar silencioso e uma série de inspirações e expirações conscientes.

Ouvindo junto aos nossos ancestrais

As pessoas costumam pensar que seus ancestrais estão mortos, mas isso não é verdade. Se estamos vivos, nossos ancestrais continuam vivos dentro de nós. Nossos ancestrais transmitiram a si mesmos para dentro de nós — com seus talentos, suas experiências, sua felicidade, seu sofrimento. Eles estão completamente presentes em todas as células do nosso corpo. Nossas mães, nossos pais estão todos dentro de nós. E livrar-se deles é impossível.

Quando ouvimos o sino, podemos convidar todas as células do nosso corpo a acompanharem o mesmo som e, nesse momento, nossos ancestrais de todas as gerações poderão nos seguir na mesma direção. Se soubermos ouvir, a paz penetrará em todas as células do nosso corpo. E não seremos os únicos a desfrutar de paz e relaxamento, mas todos os nossos ancestrais poderão desfrutar esse maravilhoso momento. Talvez, em suas vidas, essas pessoas tenham passado por grandes sofrimentos, sem muita oportunidade para serem felizes. Dentro de você, porém, elas terão essa oportunidade. Ao falarmos em ouvir, costumamos pensar em ouvir as pessoas ao nosso redor, mas existem outros tipos de escuta. Como mencionamos anteriormente, ouvir a nós mesmos é o primeiro passo para sermos capazes de ouvir os demais. O que descobriremos, se ouvirmos o som do interior do nosso corpo, é que não existe uma voz única, separada de nós mesmos, vinda do nada. Eis um dos *insights* que surgem quando praticamos a *mindfulness*. Descobrimos o quão profundamente conectados estamos com todos os que vieram antes da gente. Somos uma comunidade de células, e todos os nossos ancestrais vivem dentro de nós. Podemos ouvir suas vozes, basta querer escutá-las.

Não seja refém das palavras

Se praticarmos algum tempo de silêncio todos os dias, mesmo que por apenas alguns minutos, será muito mais complicado nos tornarmos presa das palavras. Se nos sentimos confortáveis praticando o silêncio, somos livres como pássaros, conectados à mais profunda essência das coisas.

Vo Ngon Thong, um dos fundadores do zen-budismo vietnamita, escreveu: "Não me pergunte mais nada. Minha essência não envolve palavras." A fim de praticarmos a *mindfulness* em nosso

Silêncio

discurso, devemos ser capazes de praticar o silêncio. Isso feito, poderemos examinar cuidadosamente as nossas visões e os nós internos que podem estar influenciando nossos pensamentos. O silêncio é a melhor base para uma observação profunda. Nas palavras de Confúcio: "Os céus não dizem nada." Ainda assim, os céus podem nos dizer muita coisa se soubermos ouvi-los.

Ouvindo com a mente do silêncio,

todo canto de pássaro

e todo murmúrio dos galhos de um pinheiro ao vento

falará para nós.

———

Todos queremos nos comunicar com nossos entes queridos, e há muitas maneiras de nos comunicarmos sem palavras. Quando as usamos, tendemos a classificá-las de formas que nos pareçam como legítimas. Por exemplo: palavras como "trabalho", "criança", "escutar", "homem" e "mulher" trazem à nossa mente certas imagens e conceitos, e pode ser duro tentar enxergar um espectro mais amplo, algo além de nossas construções mentais. Se quisermos realmente nos comunicar com nossos seres amados, devemos estar atentos às formas não verbais pelas quais a comunicação também acontece, consciente ou inconscientemente.

Thich Nhat Hanh

Jejum pela nossa consciência

Muitas culturas praticam o jejum durante um período específico de tempo, seja em festas religiosas, em ritos de iniciação ou por qualquer outro motivo. Outras pessoas fazem jejum por questão de saúde. E isso é válido não apenas para os nossos corpos, mas também para as nossas consciências. Todos os dias, consumimos uma enorme quantidade de palavras, imagens e sons, e precisamos de um tempo para pararmos de ingerir tudo isso e permitir que nossa mente descanse. Um dia sem alimentos sensoriais como e-mail, vídeos, livros e conversas é uma chance de limparmos nossa mente e aliviarmos o medo, a ansiedade e o sofrimento que podem entrar em nossa consciência e acumular-se por lá.

Mesmo não acreditando ser capaz de passar um dia inteiro sem consumir produtos midiáticos, dê a si mesmo um descanso — uma pausa livre de sons, se preferir. Grande parte das pessoas do nosso tempo parecem incapazes de viver sem uma "trilha sonora". Quando estão sozinhas — caminhando pela rua, dirigindo, sentadas em um ônibus ou trem, saindo de casa — ou mesmo quando estão junto a colegas de trabalho ou ao lado de familiares queridos, tentam preencher qualquer mínimo espaço disponível em suas mentes. Se você fizer ao menos uma atividade solitária em silêncio (dirigir um carro, preparar o café da manhã ou dar uma volta no quarteirão) estará oferecendo a si mesmo uma pausa do constante fluxo de estímulos que nos assola.

Conheço uma pessoa que chegou à conclusão de que o tipo de música que tocava no supermercado a deixava muito triste. Essas músicas faziam com que ela se lembrasse de um período difícil da

Silêncio

sua vida, e ela acabava focando nessas memórias, não nas compras que fazia. Quando percebeu isso, fez uma escolha inteligente e resolveu cuidar muito bem da sua consciência. Hoje, ela usa fones de ouvido sempre que entra no supermercado, pois não quer ser distraída nem ficar deprimida por conta da música.

No entanto, você não precisa de fones de ouvido para fazer um jejum de sons. Basta separar alguns minutos diários para se manter deliberadamente quieto. Sem palavras vindas de fora nem rondando sua mente, você poderá ouvir a si mesmo, ainda que por poucos minutos. Eis um enorme presente que você pode oferecer a si mesmo e aos demais, já que estará mais aberto a ouvi-los com *mindfulness*.

Prática:
os quatro mantras

Praticar os Quatro Mantras é algo que qualquer pessoa pode fazer, até mesmo as crianças. Esses mantras nos ajudam a cultivar nossa escuta profunda e a estar presentes nos relacionamentos com nós mesmos e com os nossos. Um mantra é um tipo de fórmula mágica capaz de transformar imediatamente uma situação, e não precisamos esperar pelos resultados. O que torna essa prática eficaz é a sua *mindfulness* e concentração. Sem tais elementos, não funcionará.

Na hora de praticar os mantras, é crucial silenciar seu pensamento e sentir calma e abertura dentro de si. Caso contrário, não estaremos presentes para os demais. Mantenha a calma e a abertura, até mesmo quando o outro estiver respondendo. Especialmente ao praticar o terceiro e o quarto mantras, se a outra pessoa envolvida tiver algo a dizer, certifique-se de seguir sua respiração e ouvir em silêncio e com paciência, sem julgar nem reagir. Ao recitar os Quatro Mantras, você estará usando seu silêncio interior, além de um punhado de palavras cuidadosamente escolhidas, para alcançar a cura, a reconciliação e a compreensão mútua. Estará abrindo espaço interno e oferecendo esse espaço ao semelhante.

O primeiro mantra é "Meu amor, estou aqui para você". Quando você ama alguém, quer oferecer a essa pessoa o melhor que tem, e seu melhor é sua presença real. Você só é capaz de amar quando está *aqui*, verdadeiramente presente. Simplesmente recitar o mantra não funciona. Você precisa praticar a presença real, ao respirar ou caminhar de maneira consciente, ou fazendo uso de qualquer outra prática que o ajude a estar presente como uma pessoa livre para si

Silêncio

mesmo e para a pessoa que ama. Use esse mantra primeiro com você, para voltar a si e criar o silêncio e o espaço interior que o permitirão estar verdadeiramente presente para o outro. Só então o mantra terá um poder autêntico.

O segundo mantra é "Meu amor, eu sei que você está aí e fico muito feliz por isso". Amar alguém significa reconhecer a presença da pessoa amada. E isso só poderá ser feito após você ter se preparado para recitar autenticamente o mantra anterior: se não estiver plenamente *presente*, você não poderá reconhecer completamente a presença do outro, e essa pessoa talvez não se sinta verdadeiramente amada por você.

Quando você está presente e consciente, é capaz de perceber quando a pessoa amada sofre. Nesse momento, exercite estar verdadeiramente presente. Depois, aproxime-se dessa pessoa e repita o terceiro mantra: "Meu amor, eu sei que você está sofrendo. É por isso que estou aqui com você." Quando as pessoas sofrem, elas querem que aqueles a quem amam percebam tal sofrimento. Isso é muito natural e muito humano. Se a pessoa a quem o sofredor ama não está atenta ou ignora seu sofrimento, o sofrimento aumenta. Portanto, use esse mantra para comunicar sua percepção, pois será um grande alívio para o outro saber que você reconhece seu sofrimento. Antes mesmo que você *faça* qualquer coisa para ajudar essa pessoa, ela começará a sofrer menos.

O quarto mantra, que você não usará tanto (mas que poderá ser muito poderoso quando for *realmente* necessário), é: "Meu amor, eu estou sofrendo. Por favor, me ajude." Ele deve ser praticado quando você estiver sofrendo, especialmente quando imaginar que tal sofrimento foi causado por uma pessoa querida. Quando essa pessoa

— 95 —

for quem você mais ama no mundo, o sofrimento será ainda maior. Portanto, procure essa pessoa, munido de toda sua *mindfulness* e concentração, e repita o quarto mantra: "Meu amor, eu estou sofrendo muito. Por favor, me ajude." Isso pode ser difícil, mas você é capaz. Basta treinar um pouco. Quando sofremos, tendemos a preferir ficar sozinhos. Mesmo quando o outro tenta se aproximar e se reconciliar, permanecemos relutantes e não queremos deixar nossa raiva de lado. Isso é muito normal e humano. Porém, quando amamos, *realmente* precisamos um do outro, sobretudo quando estamos sofrendo. Aliás, você *acha* que essa pessoa causou seu sofrimento, mas... você tem certeza disso? Você pode estar equivocado. Essa pessoa talvez não tenha tido a intenção de magoar. Você pode ter entendido mal.

E, atenção, não repita esse mantra sem pensar. Quando estiver pronto, aproxime-se do outro, inspire e expire profundamente, e seja cem por cento você mesmo. Só então repita esse mantra com todo seu coração. É possível que você não queira repetir essas palavras. Você pode até querer dizer que não precisa dessa pessoa. Afinal, seu orgulho foi ferido. No entanto, não permita que o orgulho se interponha entre você e a pessoa que ama. No amor verdadeiro não há espaço para orgulho. Se o orgulho persiste, você precisa exercitar a transformação do seu amor em amor real. Pratique, com regularidade, a meditação sentada e caminhando, e também a respiração consciente, para conseguir voltar a si mesmo, e, dessa forma, da próxima vez que estiver sofrendo, você será capaz de repetir o quarto mantra.

cinco

O poder da tranquilidade

Eu me lembro de uma época, em 1947, quando era estudante no Instituto Budista do Templo Bao Quoc, não muito distante do meu templo de origem (o templo em que fui ordenado na vida monástica e onde costumava morar). Naquela época, o exército francês ocupava toda a região e montou uma base militar em Hue. Nós costumávamos viver entre os tiros dados por soldados franceses e vietnamitas. As pessoas que viviam no alto das colinas tinham armado pequenas fortalezas para se proteger. Certas noites, elas se trancavam em suas casas, postando-se atrás das barreiras. Na manhã seguinte, quando acordavam, costumavam encontrar cadáveres resultantes da batalha da noite anterior, além de palavras de ordem escritas com cal misturada a sangue no meio da rua. Ocasionalmente, os monges seguiam as rotas que levavam a essas regiões remotas, mas quase ninguém ousava atravessá-las, especialmente os moradores de Hue, que só recentemente retornaram às suas casas, após uma longa temporada exilados. Embora Bao Quoc estivesse próxima a uma estação de trem, quase ninguém arriscava uma viagem até lá, e isso diz muito.

Certa manhã, eu saí de Bao Quoc para fazer uma visita mensal ao meu templo de origem. Era bem cedo, o orvalho ainda era visível sobre a grama. Em uma bolsa de pano, eu carregava minha túnica cerimonial e alguns sutras. Na minha mão, um tradicional chapéu vietnamita em forma de cone. Eu me sentia bem, muito alegre, pensando em rever meu professor, meus colegas de monastério e o antigo e venerado templo.

Porém, ao subir uma colina, ouvi uma voz me chamando. No topo, acima da estrada, havia um soldado francês acenando. Pensando que estaria brincando comigo por eu ser monge, me virei de costas e segui meu caminho. No entanto, de repente, eu percebi que ele não estava brincando. Atrás de mim, ouvi o barulho das botas de um soldado subindo a colina. Talvez ele quisesse me revistar, poderia estar suspeitando da bolsa que eu carregava. Parei e esperei. Um jovem soldado, com um rosto fino e bonito, aproximou-se.

— Para onde você vai? — ele perguntou, em vietnamita. Ao ouvir sua pronúncia, percebi que era francês e que seus conhecimentos de vietnamita eram muito limitados.

Eu sorri e lhe perguntei, em francês:

— Se eu respondesse em vietnamita, você me entenderia?

Quando percebeu que eu falava francês, seu rosto se iluminou. Ele disse que não tinha intenção de me perseguir, que só queria me perguntar uma coisa:

Silêncio

— Eu gostaria de saber de que templo você veio — ele perguntou.

Quando respondi que estava morando no templo Bao Quoc, ele pareceu interessar-se.

— No templo Bao Quoc — ele repetiu. — Naquele templo grande, perto da estação de trem?

Fiz que sim com a cabeça e ele apontou para uma cabana na encosta da colina — que era sua guarita, provavelmente — e disse:

— Se não estiver muito ocupado, por favor, vamos até lá para conversarmos um pouco.

Nós nos sentamos próximo à cabana e ele me contou sobre a visita que tinha feito dez dias antes, junto a outros cinco soldados, ao templo Bao Quoc. Eles chegaram ao templo às dez da noite em busca de membros da resistência vietnamita, os chamados Vietminh, que pareciam estar se reunindo por lá.

— Estávamos determinados a encontrá-los. E estávamos armados. A ordem era de prender ou até matar, se necessário. Porém, quando entramos no templo, ficamos maravilhados.

— Por quê? Eram muitos os Vietminh?

— Não! Não! — ele exclamou. — Nós não teríamos ficado tão maravilhados se tivéssemos visto os Vierminh. Teríamos os atacado, sem nos importarmos com quantos fossem.

Eu fiquei perdido.

— Mas o que os surpreendeu?

— O que aconteceu foi completamente inesperado. Até então, sempre que entrávamos em algum lugar, as pessoas saíam correndo ou entravam em pânico.

— As pessoas vivem tão aterrorizadas que acabam saindo correndo por conta do medo — expliquei.

— Eu não tenho o hábito de aterrorizar ou ameaçar as pessoas — disse ele. — Isso deve acontecer porque essas pessoas foram feridas pelos que vieram antes de nós, por isso têm tanto medo. Porém, quando entramos no templo Bao Quoc, foi como entrar em um local completamente deserto. As lâmpadas a gás estavam ligadas no mínimo. De propósito, pisamos forte no chão, e algo me dizia que o templo estava cheio de gente, mas não ouvíamos ninguém. O lugar estava incrivelmente calmo. O grito de um camarada me deixou assustado. Ninguém respondeu. Peguei minha lanterna e iluminei o cômodo que imaginávamos estar vazio... e vi cinquenta ou sessenta monges sentados, calmos e em silêncio, meditando.

— Isso aconteceu porque vocês chegaram na hora da nossa meditação sentada à noite — respondi, fazendo que sim com a cabeça.

— É. Nós parecíamos detidos por uma força estranha e invisível — disse ele. — Ficamos tão assustados que voltamos ao pátio. Os monges tinham nos ignorado! Eles não levantaram a voz para responder, não demonstraram qualquer sinal de pânico ou medo.

— Eles não os ignoraram. Eles estavam simplesmente concentrados em suas respirações... nada mais do que isso.

— Eu me senti atraído por aquela calma — ele admitiu. — Ela realmente exigiu o meu respeito. Nós ficamos de pé no pátio, sob uma árvore enorme, e esperamos cerca de meia hora. Passado esse tempo, uns sinos começaram a tocar e o templo voltou à sua atividade normal. Um monge acendeu uma tocha e nos convidou a entrar, mas nós simplesmente lhe dissemos porque estávamos ali e

Silêncio

fomos embora. Naquele dia, eu comecei a mudar minha opinião sobre o povo do Vietnã.

Ele seguiu em frente:

— Há muitos jovens entre nós. Nós estamos com saudade de casa, das nossas famílias e do nosso país. Fomos enviados aqui para matar os Vietminh, mas não sabemos se os mataremos ou se seremos mortos por eles, sem nunca podermos retornar às nossas famílias. Ao ver que as pessoas por aqui trabalham duro para reconstruir suas vidas, eu me lembrei da vida dura dos meus familiares franceses. A paz e a serenidade dos monges me fizeram pensar na vida de todos os seres humanos da Terra. E fiquei pensando em por que viemos até aqui. Que ódio é este que existe entre nós e os Vietminh que nos fez viajar tão longe para matá-los?

Profundamente emocionado, eu segurei sua mão. Depois lhe contei a história de um velho amigo que se alistou para lutar contra os franceses e que ganhou várias batalhas. Certo dia, esse amigo veio ao templo em que eu estava e caiu em prantos, depois me abraçou. Ele me contou que, durante um ataque a uma fortaleza, enquanto estava escondido entre pedras, viu dois soldados franceses sentados, conversando.

"Ao ver os rostos brilhantes, lindos e inocentes daqueles jovens," disse ele, "não fui capaz de abrir fogo, meu amigo. As pessoas podem me chamar de fraco e molenga, e podem dizer que, se todos os soldados vietnamitas fossem como eu, o país não demoraria a ser conquistado. Porém, por um momento, eu amei o inimigo da mesma maneira que minha mãe me ama. E percebi que a morte daqueles jovens faria suas mães sofrerem na França, assim como a minha mãe sofreu pela morte do meu irmão mais novo".

— 103 —

— Como você pode ver — eu disse ao francês —, o coração desse jovem soldado vietnamita estava repleto de amor pela humanidade.

O jovem soldado francês ficou sentado, calado, perdido em seus pensamentos. Talvez, assim como eu, ele estivesse começando a perceber o absurdo do assassinato, a calamidade da guerra e o sofrimento de tantos jovens que morriam de uma maneira injusta e dolorosa.

O sol já estava bem alto no céu e eu precisava seguir meu caminho. O soldado me disse que seu nome era Daniel Marty e que tinha 21 anos. Ao acabar o ensino médio, viajou ao Vietnã. Ele me mostrou fotos da sua mãe, de um irmão mais novo e de uma irmã. Nós nos despedimos com um sentimento de compreensão mútua, e ele prometeu me visitar no templo aos domingos.

Nos meses seguintes, ele me visitou sempre que pôde, e eu o levava à sala de meditação para se exercitar ao meu lado. Dei-lhe o nome espiritual de Thanh Luong, que significa "vida pura e em paz". Eu lhe ensinei vietnamita (pois ele só conhecia frases rudimentares que aprendera com os militares), e após alguns meses conseguimos conversar brevemente na minha língua materna. Ele me disse que não precisaria voltar a participar em ataques militares, e eu fiquei tão aliviado quanto ele. Quando recebia cartas de casa, ele me mostrava. Sempre que me via, ele unia as palmas das mãos, saudando-me.

Certo dia, convidamos Thanh Luong para uma refeição vegetariana no templo. Feliz, ele aceitou o convite e adorou as azeitonas pretas e os pratos saborosos que servimos. Ele sentiu o cheiro delicioso da sopa de arroz e cogumelos preparada pelo meu irmão e não acreditou tratar-se de um prato vegetariano. Eu fui obrigado a explicar com detalhes sua preparação para que ele finalmente acreditasse.

Silêncio

Havia dias em que, sentado ao lado da torre do templo, ele iniciava conversas sobre espiritualidade e literatura. Quando elogiei a literatura francesa, os olhos de Thanh Luong brilharam, orgulhosos da cultura do seu país. Nossa amizade ficou muito profunda.

Então, um dia, quando veio me visitar, Thanh Luong me disse que sua unidade seria transferida para outra área e que provavelmente retornaria à França em breve.

Eu o levei ao portão, e sob o arco dos três portais do templo compartilhamos um abraço de despedida:

— Eu vou escrever para você, irmão — disse ele.

— E eu ficarei muito feliz ao receber uma carta sua e depois em responder.

Um mês mais tarde, eu recebi uma carta dele. Ele me disse que voltaria à França, mas que depois viajaria à Argélia. Prometeu que me escreveria quando estivesse por lá, mas eu nunca mais tive notícias dele. Quem sabe onde Thanh Luong pode estar agora? Estará bem? No entanto, de uma coisa eu sei: na última vez que nos vimos, ele estava em paz. Aquele momento de profundo silêncio no templo o transformou. Ele permitiu que as vidas de todos os seres humanos tomassem conta do seu coração e percebeu a falta de sentido e o poder de destruição das guerras. O que tornou tudo isso possível foi um momento de completa e total *paralisação* e sua abertura ao oceano milagroso, curativo e poderoso chamado silêncio.

A fim de manifestarmos nossa real natureza, devemos deter a conversa ininterrupta que preenche todos os espaços em nosso interior. Podemos começar desligando a estação de rádio Pensando Sem Parar por alguns momentos, todos os dias, para conseguirmos abrir espaço mental à alegria.

Thich Nhat Hanh

Uma respiração consciente

Como já vimos, a maneira mais fácil de nos libertarmos da engrenagem contínua de um pensamento incessante é praticando a respiração consciente. Nós respiramos o tempo todo, mas raramente prestamos atenção à nossa respiração. Raramente *desfrutamos* nossa respiração.

Uma respiração consciente é o presente que ganhamos quando oferecemos toda nossa atenção à inspiração e à expiração, desde o momento em que inalamos o ar até o liberarmos. Se você presta atenção enquanto respira, todas as células da sua mente e do resto do seu corpo dançam no mesmo ritmo.

Com o ato da respiração consciente, você viaja

para dentro.

Seu corpo está respirando;

e seu corpo é sua casa.

Em cada respiração, você pode voltar

para casa, para si mesmo.

Silêncio

É possível que você guarde muita tristeza, raiva ou solidão no interior do seu corpo. No entanto, quando se conectar com sua inspiração e expiração, poderá entrar em contato com tais sentimentos sem medo de se tornar seu prisioneiro. A respiração consciente é uma maneira de dizer: "Não se preocupe, eu estou aqui, eu estou em casa, eu vou cuidar desse sentimento."

Sua respiração consciente é sua base. Se você pretende realizar seus sonhos, se deseja construir uma conexão com sua família e amigos, se quer ajudar sua comunidade, precisa começar com sua respiração. Cada respiração, cada passo, cada ação feita com *mindfulness* lhe oferecerá mais sustento.

Abrir espaço à *mindfulness* é mais fácil do que você pensa

Muitos de nós pensam que não existe espaço para cultivarmos a *mindfulness* em nossas vidas. No entanto, a verdade é que uma vida consciente tem mais a ver com reorientação pessoal, com relembrar nossas reais intenções do que com incluir um evento chamado "meditação" em nossa agenda diária. Você não precisa entrar em uma sala de meditação nem marcar uma hora para praticar a *mindfulness*, embora tais coisas possam ser maravilhosas se houver tempo para elas. Por outro lado, a respiração tranquila e consciente é algo que você pode praticar a qualquer hora. Qualquer lugar pode ser sagrado, desde que estejamos relaxados e serenos, acompanhando nossa respiração e concentrados no que estivermos fazendo.

Thich Nhat Hanh

Quando acordar de manhã, ainda deitado na cama, comece o dia com uma respiração consciente. Aproveite esse momento, antes de mais nada, para acompanhar sua inspiração e expiração, percebendo que terá 24 horas novinhas em folha para viver. Eis um presente da vida!

Após minha ordenação como monge noviço, precisei memorizar vários versos curtos que me ajudaram a exercitar a *mindfulness*. O primeiro verso que memorizei foi:

Ao acordar esta manhã, vou sorrir.

Vinte e quatro horas novinhas em folha estarão

esperando por mim.

Eu prometo vivê-las intensamente

e aprender a olhar tudo o que me rodeia

com os olhos da compaixão.

———————

Como você pode ver, são apenas quatro versos. O primeiro tem a ver com a inspiração. O segundo com a expiração. O terceiro com uma nova inspiração. E o quarto com mais uma expiração. Ao respirar, use os versos para focar sua atenção na dimensão sagrada do que estiver fazendo. Você, com certeza, gostaria de viver as 24 horas

Silêncio

que está recebendo de uma maneira feliz e em paz. Devemos nos comprometer a não desperdiçar nossas 24 horas, pois elas são um presente da vida, que você recebe novo a cada manhã.

Se puder se sentar confortavelmente, a meditação sentada é uma forma maravilhosa de praticar a respiração consciente. Muitas pessoas não conseguem se permitir o tempo de se sentar e não fazer nada além de respirar. Elas o consideram um ato financeiramente irracional ou um luxo. Nós costumamos dizer que "tempo é dinheiro", mas o tempo é muito mais do que dinheiro. Tempo é *vida*. A simples prática de nos sentarmos, em silêncio e com regularidade, pode ser profundamente curativa. Parar para se sentar é uma boa maneira de focar uma respiração consciente, e nada mais.

Da mesma maneira que você pode decidir desligar a televisão ao comer, poderá desligar a estação Pensando Sem Parar e prestar atenção à sua respiração, à sua comida, às pessoas que estão comendo ao seu redor. Quando estiver arrumando a cozinha ou lavando a louça, pratique tudo isso de maneira consciente, com um espírito de amor, alegria e gratidão. Quando estiver escovando os dentes, escove-os com *mindfulness*. Não pense em nada mais, simplesmente foque sua atenção na escovação dos dentes. Você pode passar dois ou três minutos escovando os dentes. Nesse espaço de tempo, poderá ser consciente dos seus dentes e da sua escovação. Quando for ao banheiro, também é possível desfrutar esse momento. A *mindfulness* pode alterar seu relacionamento com tudo. Ela poderá ajudá-lo a estar verdadeiramente presente e desfrutar tudo o que estiver fazendo.

Praticar a caminhada consciente é outra oportunidade de criar momentos de felicidade e cura, como vimos anteriormente. Sempre que der um passo, enquanto inspira e expira, preste atenção na sensação do seu pé entrando em contato com a terra. Ao dar um passo com *mindfulness*, você volta para si mesmo. Cada passo é uma nova ajuda para que você possa se conectar com seu corpo. Cada passo consciente o leva à sua casa, ao aqui e agora. Portanto, ao caminhar do estacionamento ao seu trabalho, ao caminhar dos correios ao supermercado, por que não voltar para *casa* a cada passo?

Em qualquer atividade, sempre que você estiver calmo e atento, terá uma chance de se conectar consigo mesmo. Durante grande parte do tempo, nós caminhamos e não percebemos que estamos caminhando. Estamos em algum lugar, mas não sabemos que estamos lá, pois nossa mente está a quilômetros de distância. Estamos vivos, mas não sabemos que estamos *vivos*. Vivemos eternamente nos afastando de nós mesmos. Portanto, acalmar seu corpo e sua mente, e simplesmente sentar-se para estar presente consigo mesmo é um ato de revolução. Você se senta e deixa de lado essa desunião com si mesmo, esse *não ser* quem você é. Quando se senta, você pode voltar a se relacionar consigo mesmo. Você não precisa de um iPhone nem de um computador para fazer isso. Tudo de que você precisa é sentar-se e respirar de maneira consciente. Em poucos segundos, você voltará a entrar em contato consigo mesmo. E saberá o que está acontecendo com o seu corpo, com os seus sentimentos, com as suas emoções e com as suas percepções. Você estará em casa e poderá cuidar bem dela.

É possível que você tenha passado muito tempo longe de casa, e a sua casa pode estar desordenada. Quantos erros você cometeu por ter ignorado as sensações do seu corpo, as emoções que brotavam

Silêncio

do seu interior, as percepções errôneas que dirigiam suas falas e pensamentos?

Voltar verdadeiramente para casa significa se sentar e se reconectar consigo mesmo, aceitando sua situação como ela é. Ainda que tudo esteja bagunçado na sua vida, você pode aceitar isso, pois esse será o ponto inicial da sua reorientação — e só assim você poderá seguir em frente com uma direção mais positiva. Eu penso muito em Thanh Luong, que foi capaz de aceitar a prática de um momento de profundo silêncio no templo e levá-la consigo em meio ao caos da guerra. Mesmo mergulhados em nosso caos, sempre podemos encontrar algum espaço para um pouco de silêncio, e exercitando isso todos os dias será mais fácil encontrar paz na situação em que vivemos... Até mesmo encontrar um novo caminho que nos afaste dessa confusão.

Certa vez, eu comandei um retiro em um monastério nas montanhas ao norte da Califórnia. No início do retiro, acontecia uma grande queimada ali perto. Enquanto nos exercitávamos, praticando meditação sentada e caminhando, ouvíamos o som de vários helicópteros. Não era um som exatamente agradável. Muitos dos participantes do retiro, incluindo eu, eram vietnamitas ou americano-vietnamitas e, para nós, o som de helicópteros lembrava armas, bombas, mortes e mais mortes. Tínhamos vivido uma guerra brutal, e era perturbador ouvir os helicópteros o tempo inteiro, lembrando-nos de tanta violência. Mesmo para os participantes que não tinham vivido a guerra, o som continuava sendo alto demais e intrusivo.

No entanto, os helicópteros não iriam embora, nem nós. Por isso resolvemos praticar a escuta do som dos helicópteros com consciência. Ao ouvir um som prazeroso, como o de um sino, as pessoas *que-*

rem focar sua atenção nele. Oferecendo nossa atenção a um som prazeroso, é fácil nos sentirmos mais presentes e felizes. Porém, naquele momento, fomos obrigados a aprender como focar positivamente o som dos helicópteros. Com *mindfulness*, foi possível nos lembrarmos de que aqueles helicópteros não estavam participando de uma guerra, mas, sim, tentando apagar uma série de chamas destruidoras. Com tal percepção, fomos capazes de transformar um sentimento desagradável em outro, de gratidão e apreciação. Como o som dos helicópteros voltava a cada poucos minutos, se não tivéssemos praticado a *mindfulness* dessa maneira, teria sido um retiro muito tedioso.

Portanto, todo mundo (e éramos quase seiscentas pessoas no retiro) praticou a inspiração e a expiração ao som dos helicópteros. E repetimos para nós mesmos os versos que dizemos ao ouvir um sino, que modificamos para se adequar à situação:

Eu ouço.
Eu ouço.
O som desse helicóptero
me traz de volta ao presente.

Sobrevivemos muito bem. E conseguimos transformar o som dos helicópteros em algo útil.

Cinco minutos para a vida

Se você está apenas começando, tente dedicar cinco minutos, todos os dias, a uma caminhada calma e consciente. Quando estiver

Silêncio

sozinho, siga na velocidade que preferir. Algumas pessoas gostam de caminhar bem lentamente, levantando um dos pés ao inspirar e dando um novo passo ao expirar. Inspirando, você dá um novo passo. E, caminhando de tal forma, coordenando seus passos com sua respiração consciente, seu pensamento poderá chegar a ponto de se deter completamente. Se isso ainda não aconteceu, faça uma pausa e continue respirando de maneira consciente até conseguir deter seus pensamentos por completo. Você perceberá. Quando somos conscientes de nós mesmos, algo realmente muda física e mentalmente.

Quando você conseguir dar um primeiro passo desse tipo, saberá ser capaz de dar um segundo. Comece com apenas cinco minutos. Em pouco tempo, você desfrutará tanto que decidirá repetir a experiência várias vezes ao dia.

Vivemos muito ocupados. Estamos sempre nos afastando do presente. Não temos a chance de viver nossas vidas de verdade. A *mindfulness* pode reconhecer isso, o que é uma iluminação. Devemos partir dessa iluminação, desse despertar: queremos viver nossas próprias vidas, queremos parar para não sermos arrastados pela vida. E exercitando sentar-se, respirar, caminhar ou até escovar os dentes de maneira consciente, *podemos* parar. A prática de parar pode ser feita a qualquer hora do dia, até mesmo quando estamos dirigindo.

Você está livre; você ganhou sua liberdade.

E com esse tipo de liberdade,

com esse tipo de libertação,

a cura se torna possível.

A vida se torna possível.

A alegria se torna possível.

———

As pessoas falam muito de equilíbrio entre vida e trabalho. Nós tendemos a pensar no trabalho como uma coisa e na vida como outra. No entanto, não precisa ser assim. Após ter dirigido até seu trabalho e estacionado o carro, você pode escolher entre caminhar de maneira consciente e feliz até seu escritório, ou caminhar de maneira distraída, com pressa. A distância a ser vencida será a mesma. Se você souber *como* caminhar, como estar presente para si mesmo enquanto estiver caminhando, cada passo que der lhe trará alegria e felicidade. A cada passo, você poderá liberar a tensão do seu corpo. A cada passo, você poderá palpar as maravilhas da vida.

Ao caminhar de maneira consciente, você investe tudo de si na caminhada e fica atento a cada passo: é *você* quem está andando, e não sendo empurrado pela energia do hábito. Você mantém sua soberania. Você é o rei ou a rainha das próprias decisões. Você caminha porque quer caminhar, e a cada passo você se sente livre. Você dá cada passo com um propósito, e cada passo consciente o deixa em contato com as maravilhas da vida disponíveis no aqui e agora. Caminhando dessa maneira, você investe corpo e mente de maneira integral em cada passo. É por isso que, ao caminhar, você não pensa.

Silêncio

Caso contrário, o pensamento roubaria a caminhada de você. E você não fala nada, pois a fala também roubaria a caminhada de você. Caminhar assim é um prazer. Quando a mindfulness e a concentração estão vivas no seu interior, você pode ser quem realmente é plenamente, você não se perde. Você caminha como um buda. Sem *mindfulness*, você poderá encarar a caminhada como uma imposição, uma obrigação. Com ela, você enxerga a caminhada como vida.

Da mesma forma, ao lavar a louça após o jantar, a *maneira* como você lava a louça determina se está fazendo isso por obrigação ou como parte integrante da vida real naquele momento. Existe uma maneira de lavar a louça que nos permite desfrutar cada minuto. Quando você limpa o chão, quando prepara seu café da manhã... Se souber fazer tudo isso com *mindfulness*, será *vida*, não *trabalho*.

As pessoas que insistem em separar vida e trabalho passam grande parte do seu tempo sem viver. Nós precisamos encontrar maneiras de trazer *mindfulness*, espaço e alegria a *todas* as nossas atividades, e não apenas quando fazemos algo que parece divertido ou quando estamos meditando. Se incluirmos a *mindfulness* em todos os momentos de nossa vida, cinco minutos por vez, a linha imaginária entre vida e trabalho desaparece, e cada segundo dos nossos dias será tempo para nós mesmos.

Prática:
meditação caminhando

Dizem ser um milagre caminhar solto no ar, sobre as águas ou o fogo. Porém, na minha opinião, caminhar sobre a terra é o verdadeiro milagre. A Mãe Terra por si mesma é um milagre. Cada passo é um milagre. Dar passos conscientes em nosso lindo planeta pode nos trazer a cura e a felicidade. Meditar caminhando é uma maneira maravilhosa de voltarmos ao presente e à vida.

Ao praticar a meditação caminhando, esteja completamente consciente dos seus pés, do chão e da conexão entre eles. Permita que sua respiração seja natural. Sincronize seus passos à sua respiração, não o contrário. Dê uns poucos passos ao inspirar, depois uns poucos passos ao expirar. A expiração costuma ser mais longa, e você poderá precisar de mais passos nesse momento. Em certos locais, sobretudo quando não existe muita gente ao nosso redor, pode ser especialmente curativo caminhar lentamente, dando um passo ao inspirar e outro ao expirar. A cada inspiração e expiração, repita: "Para dentro" e "Para fora" ou "Cheguei" e "Casa". A cada passo, você chegará à sua verdadeira casa, que é o momento atual.

Se você se sente perdido, se está no meio de uma situação caótica, ou mesmo se está se sentindo um pouco indisposto, não se preocupe: você não precisa fazer nenhum esforço para praticar a respiração consciente, nem para praticar a meditação sentada ou caminhando. A respiração por si só é suficiente. Sentar-se é suficiente. Caminhar é suficiente. Permita-se ser um com a ação. Seja a sua caminhada, e nada mais.

Silêncio

Certo dia, em 2003, eu estava na Coreia, e iria liderar uma meditação caminhando pelas ruas de Seul. Eram muitos os participantes. Porém, como havia uma série de fotógrafos e repórteres se espremendo à nossa frente, eu não conseguia começar. Então disse: "Querido Buda, eu desisto. Por favor, *caminhe* por mim." E dei um passo. Logo depois, um caminho se abriu e fui capaz de seguir em frente. Após tal experiência, escrevi os versos a seguir. E sempre os uso nas minhas meditações caminhando. Use você também, pois eles podem ser úteis.

Deixe Buda respirar.
Deixe Buda caminhar.

Eu não preciso respirar.
Eu não preciso caminhar.

Buda está respirando.
Buda está caminhando.

Eu desfruto a respiração.
Eu desfruto a caminhada.

Só existe a respiração.
Só existe a caminhada.

Não há aquele que respira.
Não há aquele que caminha.

seis

Prestando atenção

Quanto mais praticarmos a volta para nós mesmos, quanto mais tempo dedicarmos à *mindfulness*, mais atentos estaremos ao nosso sofrimento. Embora a respiração consciente e a calma nos deixem em contato com a alegria, também costumam nos deixar em contato com a dor (sobretudo a respiração consciente), pois nos tornamos mais cientes do sofrimento que tentávamos esconder.

Temos uma tendência natural a fugir do sofrimento. Porém, na ausência de sofrimento, não poderíamos nos desenvolver completamente como seres humanos.

Ao nos aproximarmos intimamente do sofrimento, acabamos, na verdade, sofrendo muito menos, e o sofrimento pode ser mais facilmente transformado.

Porém, se decidirmos continuar fugindo do sofrimento, enterrando-o nas partes mais recônditas da nossa mente, ele se perpetuará.

THICH NHAT HANH

Se nunca sofremos, não existe base nem ímpeto para

desenvolvermos a compreensão e a compaixão.

O sofrimento é muito importante.

Devemos aprender a reconhecer e até aceitar o sofrimento,

pois estarmos atentos a ele nos ajuda a crescer.

———————

Muitas vezes evitamos o silêncio, acreditando que, dessa forma, evitaremos o sofrimento. Porém, na realidade, reservar um tempo de silêncio para regressarmos a nós mesmos, com consciência, é a única maneira de ajudar a curar nosso sofrimento.

Reconhecendo o sofrimento

Grande parte dos meus ensinamentos têm como objetivo ajudar as pessoas a reconhecerem seus sofrimentos, aceitá-los e transformá--los. E isso é uma arte. Devemos ser capazes de sorrir em paz frente ao sofrimento, da mesma forma como sorrimos ao ver uma poça de lama porque sabemos que só com ela — sabendo como aproveitá-la — podemos cultivar as flores.

Podem haver grandes fontes de sofrimento e dores emocionais que permanecem conosco por muito mais tempo que a ferida que as causou. Em francês, existe o que se chama *les petits misères*, peque-

Silêncio

nos sofrimentos que nos afligem dia após dia. Quando o sofrimento se transforma em prisão (seja por conta de grandes problemas ou de *petits misères*), devemos saber como reconhecê-lo e aceitá-lo.

O sofrimento que sentimos pode ter sido transmitido por nossos pais, mães ou ancestrais. Quando somos capazes de reconhecê-lo, aceitá-lo e transformá-lo, não fazemos isso apenas para nós mesmos, mas também por nossos pais, mães e ancestrais.

A dor é inevitável. Ela está em todos os lugares. Além do nosso sofrimento individual e coletivo como seres humanos, existe também o sofrimento natural. Desastres naturais e não naturais acontecem diariamente ao redor do mundo: tsunamis, queimadas, fome, guerras. Crianças inocentes morrem todos os dias por falta de água potável, comida ou remédios. E nós estamos conectados a tais sofrimentos, mesmo não os vivenciando diretamente. Quando aquele bebezinho, aquela senhora, aquele jovem ou aquela jovem morrem, de certa maneira, morremos junto com eles. Ainda assim, teimamos em continuar vivos, e isso quer dizer que essas pessoas também continuam vivas de algum modo. Isso é a meditação. Entender essa verdade profunda nutre em nós o desejo de viver de uma forma que possa ajudar os demais a permanecerem igualmente vivos.

Ilha de nós mesmos

Quando entramos em nossa casa, podemos relaxar, soltar os cabelos e ser nós mesmos. A sensação é agradável, confortável, de segurança e felicidade. Em casa, a solidão pode desaparecer.

Mas onde realmente fica a nossa casa?

THICH NHAT HANH

Nossa verdadeira casa é o que Buda

chamou de ilha de nós mesmos,

o local mais pacífico em nosso interior.

Muitas vezes, não notamos onde fica esse lugar.

Nós nem sabemos quem realmente somos,

pois nosso ambiente interno e externo está repleto de ruído.

Precisamos de alguma calma para

descobrir essa ilha de nós mesmos.

———

Sempre que você se sentir mal, agitado, triste, com medo ou preocupado, é hora de empregar a respiração consciente e voltar para casa, para sua ilha de *mindfulness*. Se você pratica a *mindfulness* com regularidade — voltando à sua ilha quando *não* está atravessando momentos difíceis —, ao surgir um problema real, será muito mais fácil e agradável encontrar o caminho de volta à sua casa. Você tem sorte, pois conhece a prática da *mindfulness*. Por favor, faça bom uso dessa prática para fortalecer a conexão com seu verdadeiro lar. Não espere ser atingido por uma onda enorme para tentar nadar de volta à sua ilha. Exercite o máximo que puder, vivendo os

Silêncio

momentos mais banais de sua vida de maneira consciente. Depois, quando, inevitavelmente, os momentos difíceis surgirem, voltar para casa será algo fácil e natural.

Caminhar, respirar, sentar-se, comer e tomar chá com consciência: tudo isso são práticas concretas de refúgio que podemos desfrutar várias vezes ao dia. Se você tem a semente da *mindfulness* no interior do seu corpo, essa semente não desaparece nunca. Suas inspirações e expirações estão sempre disponíveis. Você tem uma ilha no interior de si mesmo. Refugiar-se nessa ilha, através da *mindfulness*, é uma questão de exercício diário.

O Monge Coqueiro

No Vietnã, havia um monge conhecido como Monge Coqueiro, pois ele gostava de escalar coqueiros para praticar meditação sentado sobre uma plataforma ao topo. Era mais fresco lá em cima. Ainda jovem, ele estudou na França e se formou em engenharia. Porém, quando voltou ao Vietnã, onde a guerra já era uma realidade, desistiu de ser engenheiro; ele quis ser monge e treinou para isso. Esse jovem escreveu uma carta em homenagem a Nhat Chi Mai, uma estudante de direito amiga minha que se imolou pedindo o fim da guerra. Ele disse: "Eu estou me queimando como você. A única diferença é que estou me queimando mais lentamente." O que ele quis dizer é que sua vida também seria integralmente dedicada a pedidos de paz.

O Monge Coqueiro fez muitas coisas para propagar a paz. Certa vez, organizou um centro de práticas no delta do rio

Mekong e pediu a várias pessoas que se juntassem a ele numa meditação sentada. Ele coletou balas e fragmentos de bomba caídos na região e com eles construiu um grande sino, um sino de *mindfulness*. O monge dependurou o sino no centro de práticas e convidava-o a tocar durante o dia e durante a noite. Ele escreveu um poema que dizia: "Queridas balas, queridas bombas, eu as ajudei a se reunirem para que me ajudem a praticar. Em sua vida anterior, vocês mataram e destruíram. Porém, nesta vida, você estão clamando para que as pessoas se despertem, para que a humanidade se desperte, estão clamando pelo amor, pela compreensão." E convidava o sino a tocar todas as noites e todas as manhãs. A própria existência desse sino era um símbolo de que a transformação era possível.

Certo dia, ele foi ao palácio presidencial com a ideia de entregar uma mensagem de paz. Os guardas não permitiram sua entrada. Ao ver que conversando não resolveria nada, o monge ficou em silêncio. Ele se instalou e passou a dormir às portas do palácio. Ao seu lado, havia uma jaula. Dentro dela, um gato e um rato que tinham aprendido a conviver e ser amigos. O gato não comeu o rato. Um dos guardas lhe perguntou: "Por que você está aqui?" E o Monge Coqueiro respondeu: "Eu quero mostrar ao presidente que até um gato e um rato podem conviver em paz." E queria que todos se perguntassem: se um gato e um rato podem conviver em paz, por que não os humanos?

O Monge Coqueiro passou um bom tempo sozinho, em silêncio. Seu desejo era ser parte da criação de um ambiente mais pacífico para o país, e para fazer isso ele deveria manter sua clareza, nunca se distrair. Algumas pessoas o chamavam de louco. Mas eu não con-

Silêncio

cordo. Eu o vejo como um ativista pela paz que vivia solidamente em sua ilha de si mesmo.

Solidão

Quando escutam o termo "ilha de si mesmo", as pessoas costumam pensar que devem viver sozinhas, distantes dos demais e de tudo o que não faz parte de suas vidas. Porém, essa prática, essa espécie de "viver sozinho", não implica o afastamento de todos. Significa simplesmente que você está firmemente estabelecido no aqui e agora, ciente de tudo o que acontece no presente.

Com *mindfulness*, você está ciente de todas as coisas, todas as sensações, todas as percepções vindas do seu interior, assim como de tudo o que estiver acontecendo em sua comunidade. Você está sempre consigo e não perde a si. Eis a maneira mais profunda de viver uma vida de solitude.

Praticar a solidão é praticar estar presente neste momento singular, não ser refém do passado, não ser carregado pelo futuro e, acima de tudo, não se deixar levar pela multidão. Você não precisa ir a uma floresta. Você pode viver no meio de outras pessoas, pode ir ao supermercado, pode caminhar na companhia de mais gente e, ainda assim, desfrutar do silêncio e da solidão. Em nossa sociedade atual, com tantas coisas clamando nossa atenção e exigindo uma reação, a solidão interior é algo que precisamos cultivar.

É bom passar um tempo fisicamente sozinho a cada dia. É possível que você imagine que só é feliz ao lado de outras pessoas, conversando e dando risada. No entanto, a alegria e a felicidade também podem ser grandiosas na solidão... Tão grandes que você será mais capaz de compartilhá-las. Ao experimentar grande alegria e felicidade na solidão, você terá muito o que oferecer. Sem a capacidade de permanecer sozinho, você fica cada vez mais esgotado. Sem poder se nutrir o suficiente sozinho, você não terá muito a oferecer aos demais. É por isso que aprender a viver em solidão é tão importante.

A cada dia, separe um tempo para estar fisicamente sozinho, pois isso facilita a prática da autonutrição e observação profundas. E não estou dizendo que é impossível estar sozinho e observar-se profundamente em meio a uma multidão. *É possível.* Mesmo sentado no meio de um mercado lotado, você pode estar sozinho e não se deixar levar pela multidão. Você continua sendo você mesmo, continua sendo o seu próprio mestre. Da mesma maneira, você poderá continuar sendo você mesmo enquanto participa de um animado debate, até mesmo em meio a uma forte emoção coletiva. Você continuará firme e seguro em sua própria ilha.

Eis as duas dimensões da solidão — e as duas são importantes. A primeira é estar fisicamente sozinho. A segunda é a capacidade de ser você mesmo e manter-se centrado, mesmo estando no meio de um grupo. É por encontrar conforto na solidão que você consegue se comunicar com o mundo. Eu me sinto conectado a você porque estou sendo realmente quem sou. É muito simples: para nos relacionarmos verdadeiramente com o mundo, primeiro devemos voltar e nos relacionarmos conosco.

— 128 —

Silêncio

Livre da energia do hábito

Todos carregamos blocos de energia no interior de nossos corpos. A energia do hábito é a energia inconsciente que nos faz repetir o mesmo comportamento milhares de vezes. Ela nos leva a sair correndo, a estar sempre fazendo alguma coisa, a nos perdermos nos pensamentos sobre o passado ou o futuro e a culpar os demais pelo nosso sofrimento. Ela interfere em nossa capacidade de estarmos em paz e sermos felizes no aqui e agora.

A energia do hábito nos foi transmitida por várias gerações de ancestrais, e continuamos a reforçá-la. Ela é muito poderosa. E nós somos suficientemente inteligentes para saber que, se fizermos certa coisa, se acusarmos alguém, nosso relacionamento será danificado. E não queremos fazer essas coisas. Porém, ao nos encontrarmos em uma posição de tensão, falamos ou fazemos o que sabemos ser destrutivo. Por quê? Porque isso é mais forte do que nós. A energia do hábito nos mantém reféns o tempo todo. É por isso que a prática da *mindfulness* tem como objetivo nos libertar da energia do hábito.

Certo dia, na Índia, eu estava com um amigo em um ônibus. Nós visitávamos as comunidades Dalit. Juntos, viajamos a muitos estados indianos para oferecer oficinas de prática da *mindfulness*, palestras abertas e retiros. A paisagem do lado de fora do ônibus era linda, com palmeiras, templos, búfalos e campos de arroz. Eu estava adorando tudo, mas meu amigo parecia muito tenso. Ele não estava se divertindo tanto quanto eu. Ele sofria, e eu lhe disse: "Meu querido amigo, não há motivo para se preocupar agora. Eu sei que você só quer que minha viagem seja agradável, e quer me fazer feliz.

Mas saiba que eu *estou* feliz neste momento. Portanto, divirta-se. Recoste-se na poltrona. Sorria. A paisagem é muito bonita."

Ele respondeu: "Tudo bem", e se sentou de maneira mais confortável em seu assento. Porém, quando voltei a olhar para ele, alguns minutos mais tarde, notei que estava tão tenso quanto antes. Ele continuava preocupado, temeroso, irrequieto. E não conseguia se livrar dos sofrimentos, que existiam há muitos milhares de anos. Ele não era capaz de se conectar com o presente, não era capaz de entrar em contato profundo com a vida, e isso era a minha prática, e continua sendo. Ele não conseguia alcançar a si mesmo. Hoje ele tem uma família, um lindo apartamento e um bom trabalho, mas continua arrastando todas as suas energias do hábito, todo o sofrimento dos seus ancestrais de milhares de anos. Ele sofria durante o dia e sofria durante a noite. Até em sonhos ele sofria. E não era capaz de deixar tudo isso de lado e relaxar.

Nossos ancestrais talvez tenham tido mais sorte que os dele, mas muitos de nós são assombrados pelos mesmos motivos. Não nos permitimos relaxar e estar presentes no aqui e agora. Por que temos de viver correndo, até na hora de preparar o café da manhã, até na hora do almoço, enquanto caminhamos, quando estamos sentados? O tempo todo, sempre há algo nos movendo para lá e para cá. Para onde estamos correndo?

Buda tocou nesse tema de maneira bem clara. Ele disse: "Não agonize por conta do passado, pois o passado já passou. Não se preocupe com o futuro, pois o futuro ainda não está aqui. Só existe um momento para que você esteja vivo, e esse momento é o presente. Volte ao presente e viva esse momento profundamente, pois assim você será livre."

Silêncio

Desatando dois nós

Existem dois tipos de nós. O primeiro é formado por nossas noções e ideias, nossos conceitos e conhecimentos. Todo mundo tem suas noções e ideias, mas, quando nos tornamos seus reféns, não somos livres, não podemos alcançar a verdade na vida. O segundo tipo de nó é formado por nossas aflições e hábitos de sofrimento, como o medo, a raiva, a discriminação, o desespero, a arrogância. E tudo isso deve ser removido para que sejamos livres.

Esses dois nós, que estão profundamente enraizados em nosso cérebro e consciência, nos mantêm prisioneiros e levam-nos a fazer coisas contra nossa vontade e a dizer o que não queremos. Portanto, não somos livres. Sempre que fazemos algo que não queremos verdadeiramente, apenas por um medo habitual ou por uma má associação de noções e ideias, não somos livres.

Enquanto lê este livro, enquanto medita, você não o faz para aprender noções e ideias. Na verdade, você faz tudo isso para se livrar de noções e ideias. Não troque noções e ideias antigas por um novo conjunto delas. Pare de viver atrás de uma noção de felicidade, chega de trocar uma ideia por outra.

Todos temos nossos padrões de comportamento, energias de hábito muito enraizadas em nós. Todo dia permitimos que tais energias invisíveis governem nossas vidas. Agimos, e reagimos, sob a influência dessas tendências que vivem em nosso interior. No entanto, nossas mentes são naturalmente flexíveis. Como dizem os neurocientistas, nossas mentes podem ser moldadas. Podemos transformá-las.

— 131 —

Ser capaz de parar e estar atento ao presente é parte da

definição de felicidade.

Não é possível ser feliz no futuro.

E isso não tem nada a ver com crença,

mas com experiência.

————

Quando detemos o corpo, o falatório mental parece mais alto. Quando detemos o falatório mental, que é uma constante agitação cognitiva, percebemos um espaço livre que nos permite viver nossas vidas de uma maneira radicalmente nova e satisfatória.

Não podemos ser felizes sem espaço para o silêncio. Eu sei disso por observação direta e experiência própria, não preciso que a máquina de um neurocirurgião me diga. Quando vejo alguém caminhando, normalmente sou capaz de dizer se essa pessoa é feliz ou não, se está em paz ou não, se está amando ou não. Sem o silêncio, não vivemos o presente, e o presente é nossa melhor chance de encontrar a felicidade.

Angulimala

Na época de Buda, havia um homem chamado Angulimala. Ele foi um notório assassino em série, sofreu muito e vivia tomado pelo ódio.

Silêncio

Certo dia, chegou a uma cidade e todo mundo ficou em pânico. Quando isso aconteceu, Buda e sua comunidade estavam por perto, e Buda foi a essa cidade fazer sua colheita matinal de víveres. Um dos moradores implorou: "Querido professor, é muito perigoso caminhar nesta rua! Venha para dentro da nossa casa. Eu vou lhe oferecer algo para comer. Angulimala está por aqui."

E Buda respondeu: "Está tudo bem. A minha prática é caminhar pelas ruas, visitando não apenas uma, mas várias casas. E não estou aqui apenas em busca de comida para hoje, mas também para entrar em contato com as pessoas, para dar a elas a oportunidade de praticar a caridade quando se sentirem comovidas e para oferecer-lhes meus ensinamentos." Portanto, Buda não cedeu aos pedidos nervosos do seu seguidor. Buda tinha paz suficiente, força espiritual e coragem para seguir em frente com sua prática. Além disso, antes de ser ordenado monge, ele foi um ótimo praticante de artes marciais.

Buda segurou sua tigela em paz, concentrado, e caminhou de maneira consciente, desfrutando cada passo. Com sua ronda terminada, ele começou a caminhar no meio da floresta, e ouviu o som de alguém correndo atrás de si. Era Angulimala. Pela primeira vez, Angulimala via alguém desprovido de medo. Qualquer outra pessoa teria saído correndo o mais rápido possível, exceto os pobres coitados que ficavam literalmente paralisados pelo medo.

No entanto, com Buda, a situação era muito diferente. Ele continuou andando, imperturbável. Angulimala estava morto de raiva por encontrar alguém que não o temia. Buda estava consciente, ele sabia qual era a situação. Mas suas pulsações eram estáveis, não havia adrenalina correndo por suas veias. Ele não estava decidindo se

— 133 —

deveria lutar ou sair correndo. Manteve a compostura. Buda tinha muita prática!

Quando Angulimala chegou bem perto, disse: "Monge, monge! Pare." Mas Buda continuou caminhando calmo, sereno e nobre. Ele era a personificação da paz, da falta de medo. Angulimala se postou ao lado de Buda e perguntou: "Monge, por que você não parou? Eu pedi que você parasse!"

Sem deixar de caminhar, Buda respondeu: "Angulimala, eu já parei há muito tempo. Foi você quem não parou."

Angulimala ficou assustado.

"O que você está querendo dizer? Você continua andando, e diz que parou?"

Então Buda revelou a Angulimala o verdadeiro significado de parar. Ele disse: "Angulimala, não é bom seguir em frente com o que você está fazendo. Você sabe que está causando muito sofrimento para si mesmo e para várias outras pessoas. Você precisa aprender a amar."

"Amar? Você está falando sobre amor comigo? Os seres humanos são muito cruéis. Eu odeio todos eles. E quero matá-los. O amor não existe."

E Buda disse, em tom gentil: "Angulimala, eu sei que você sofreu bastante, e sei que a sua raiva e o seu ódio são muito grandes. Porém, se olhar à sua volta, você verá pessoas gentis e amorosas. Você já esteve com os monges e noviças da minha comunidade? Já encontrou algum dos meus aprendizes? Eles são muito compassivos, muito calmos. Isso ninguém pode negar. Você não deveria se fechar para a verdade de que o amor existe e de que as pessoas são capazes de amar. Angulimala, pare."

Silêncio

Angulimala o respondeu: "É tarde demais. Já é tarde demais para que eu pare. Ainda que tentasse, as pessoas não permitiriam. Elas me matariam no mesmo instante. Se quero viver, não posso parar jamais."

Ao que Buda disse: "Querido amigo, nunca é tarde demais. Pare agora. Eu vou oferecer ajuda, vou ser um amigo para você. Nosso *sangha* o protegerá." Ao ouvir isso, Angulimala jogou sua espada no chão, ajoelhou-se e pediu para ser aceito na *sangha*, a comunidade de Buda. Angulimala tornou-se o profissional mais diligente da comunidade. Ele se transformou totalmente e virou uma pessoa altamente gentil, a personificação da não violência.

Se Angulimala pôde parar, todos podemos. Ninguém está mais ocupado, mais ansioso, mais louco do que ele estava quando era um assassino. E não podemos encontrar a paz do silêncio sem antes pararmos. Correndo cada vez mais rápido, exigindo cada vez mais de nós mesmos, nunca a conseguiremos alcançar. Não a encontraremos em lugar algum senão *aqui*. Quando realmente paramos o movimento e o ruído interno, encontramos um silêncio curativo. O silêncio não é privação, não é um vazio. Quanto mais espaço abrirmos para a tranquilidade e o silêncio, mais teremos a oferecer a nós mesmos e aos demais.

THICH NHAT HANH

Prática:
ilha de si mesmo

Enquanto lutava contra sua última doença, Buda sabia que muitos discípulos se sentiriam perdidos quando ele morresse. Por isso, ensinou-os a não depender de nada que viesse de fora, mas que se refugiassem em suas ilhas interiores. Quando praticamos a respiração consciente e produzimos *mindfulness* em nosso interior, descobrimos um sábio habitante lá dentro, que nos guia em direção à ilha de nós mesmos.

Sua ilha também contém pássaros, árvores e riachos, assim como a terra firme. E não existe linha divisória entre dentro e fora. Se você não está *lá*, se não é realmente você em sua ilha, não há contato verdadeiro com o mundo exterior. Entrar em contato profundo com o interior significa entrar em contato profundo com o exterior, e vice-versa. A conexão genuína só é possível quando temos *mindfulness* e concentração suficientes. Portanto, para voltar à sua ilha interior é necessário, antes de mais nada, gerar *mindfulness* e concentração.

No Plum Village, temos uma canção que se chama "A ilha de si mesmo". Você poderá utilizá-la como meditação guiada quando estiver sentado ou caminhando com consciência.

Inspirando,
eu volto
à ilha
que existe dentro de mim.

Silêncio

Existem lindas árvores
no interior da ilha.
Existem claros riachos,
existem pássaros,
luz do sol e ar fresco.

Expirando,
eu me sinto seguro.
Eu gosto de
voltar à minha ilha.

sete

Cultivando a conexão

Nunca na história da humanidade tivemos tantos meios de comunicação (celulares, mensagens de texto, e-mails, mídias sociais), mas estamos mais distantes uns dos outros do que nunca. Existe pouquíssima comunicação real entre os membros de uma família, entre membros de uma sociedade, entre nações. Como civilização, não cultivamos as artes de escutar e falar em um nível satisfatório. Não sabemos como realmente ouvir uns aos outros. Grande parte de nós tem pouca habilidade para se expressar ou escutar com abertura e sinceridade. Quando não podemos nos comunicar, a energia fica bloqueada em nosso interior, o que nos deixa doentes; e quando nossa doença se agrava, sofremos, e nosso sofrimento afeta as outras pessoas.

Se queremos estar mais conectados aos demais, não precisamos enviar mais mensagens de texto: devemos ouvi-los mais. A escuta profunda leva ao entendimento. Entender leva a uma maior conexão. Para ouvir mais profundamente, não basta se esforçar mais. Mas, sim, investir um tempo na prática que começa com o silêncio, ou seja, desligar nossas estações Pensando Sem Parar.

Mantendo a conexão graças à *mindfulness*

Todos desejamos nos conectar, e muitos de nós tentam fazer isso utilizando celulares e e-mails. Sentimos uma alegria neuroquímica quando alguém nos envia uma mensagem de texto ou um e-mail e ficamos ansiosos quando não temos o celular por perto.

Eu não tenho telefone, mas não me sinto desconectado de meus amigos e alunos. Eu penso neles frequentemente. Escrevo cartas usando papel de verdade, com canetas de verdade. Demora um tempo — às vezes dias, ou uma semana — para que eu termine uma carta de apenas uma página para um amigo. Porém, nesse meio-tempo, eu posso pensar nesse amigo! Alguns amigos vêm me visitar. É verdade que não conversamos tanto quanto se eles pudessem me telefonar, mas, quando estamos juntos, desfrutamos o valor de um tempo compartilhado. Eu olho para eles e os escuto com atenção. Suas palavras são preciosas, pois não voltarei a escutá-las durante um bom tempo.

Você tem algum amigo com quem nem precisa falar para se entender? Para mim, esse é o tipo mais profundo de amizade: uma amizade espiritual, o que é bem raro. Um bom amigo espiritual é, de certa maneira, seu professor. Um professor de verdade tem liberdade e não teme o silêncio. Essa pessoa não precisa ser

Silêncio

chamada de professor, e pode até ser mais jovem do que você. Na sua vida, se você tiver um único bom amigo espiritual, sinta-se uma pessoa de sorte. Dizem que encontrar um amigo espiritual é algo tão raro quanto o desabrochar de uma flor de Udumbara, o que só acontece a cada três mil anos. (O nome científico da flor de Udumbara é *Ficus glomerata*; planta que pertence à família das figueiras.)

Quando encontramos um bom amigo espiritual, devemos aprender a nos beneficiarmos junto a ele. Essa pessoa tem um entendimento, felicidade e liberdade transcendentais; e nós podemos nos refugiar nela enquanto regamos as sementes de nosso entendimento e liberdade. No fim, descobriremos que não precisamos de muitos confortos emocionais e materiais. Não precisamos que nosso amigo espiritual nos elogie nem nos telefone todos os dias. Não precisamos de presentes comprados em lojas nem de qualquer tratamento especial por parte desse amigo.

Devemos empregar bem o nosso tempo. Se gastarmos o tempo com expectativas triviais, não seremos capazes de aproveitar os verdadeiros presentes do nosso amigo espiritual. Podemos reunir uma sabedoria valiosa observando a maneira como ele se comporta em diferentes circunstâncias. Podemos experimentar, em primeira mão, o entendimento distinto que ele desfruta. Não precisamos estar sentados ao lado dele o dia inteiro nem pressioná-lo por reconhecimento ou atenção. Podemos simplesmente saborear sua presença, sem necessidade de que ele faça ou nos dê nada.

Um bom amigo espiritual pode ser qualquer pessoa. Talvez nem seja a pessoa que você imagina. Porém, quando encontramos um amigo assim, a alegria é enorme.

Thich Nhat Hanh

Alimentando um silêncio amoroso

Se você mora com alguém, deve conhecer o tipo de silêncio confortável que nasce da convivência. Porém, se você não tomar cuidado, esse conforto pode fazer com que você se sinta demasiado acomodado. Antoine de Saint-Exupéry, autor de *O pequeno príncipe*, escreveu: "Amar não é olhar um para o outro, é olhar juntos na mesma direção." E não acredito que se sentar em uma sala juntos para ver TV seja o que ele quis dizer!

O motivo de vivermos olhando juntos para a televisão pode ser o fato de que olhar para o rosto do outro tenha deixado de gerar a mesma felicidade de antes. No início, o ser amado parece adorável. Esse homem ou essa mulher é o anjo da nossa vida, e todos dizemos: "Não posso viver sem você." Ouvir a voz do outro é como ouvir o cantar de pássaros. Ver o rosto do outro é como ver o sol despontando no céu. No entanto, essa alegria pode deixar de existir. Algumas pessoas discutem muito e não sabem como se reconciliar e ser felizes de novo. Se continuamos vendo televisão, sem tentar encontrar uma maneira de nos reconectarmos, a situação vai piorando a cada ano.

Certa vez, uma mulher foi entrevistar as monjas de New Hamlet, no Plum Village, para a edição francesa da revista *Elle*. Enquanto a jornalista conversava com elas eu me aproximei e ela aproveitou para me entrevistar, pedindo que falasse sobre meditação e *mindfulness*. Mas eu me sentia inspirado para oferecer um tipo diferente de exercício prático. E foi isto o que propus às leitoras da *Elle*:

Esta noite, após o jantar, quando seu marido ligar a televisão, exercite uma respiração profunda, acalme seu corpo e sua

Silêncio

mente, depois diga, com um sorriso: "Querido, você poderia desligar a televisão? Eu gostaria de conversar uma coisa com você." Falando com amor, diga tudo isso a ele. Ele poderá ficar um pouco chateado, imaginando que você estará prestes a começar uma discussão ou algo parecido.

Após ele ter desligado a televisão, continue sorrindo e diga: "Querido, por que não somos felizes como um casal? A gente parece ter tudo. Temos bons salários, temos uma linda casa e dinheiro suficiente no banco. Por que não somos felizes? Poderíamos passar uns minutos refletindo sobre isso? Nós começamos muito bem, éramos felizes. Será que, conversando, descobriremos por que nossa felicidade se foi? Poderíamos encontrar um caminho para que tudo melhore?"

Isso é meditação. Isso é a real meditação. Normalmente, apenas culpamos o outro, mas em um relacionamento *as duas* pessoas são culpadas pelo curso dos acontecimentos. Às vezes, nenhum dos dois sabe como cultivar o amor e a felicidade. Grande parte de nós não sabe lidar com o sofrimento, não sabe ajudar a quem sofre. Portanto, eu disse às leitoras da *Elle* que, para que tal conversa fosse boa e produtiva, elas deveriam se preparar para dizer algo como: "Eu cometi erros. Pensei, falei e agi de uma maneira que feriu nossa felicidade e atacou nossa conexão."

Quando um relacionamento fica emperrado, precisamos voltar a nós mesmos e observar a situação com cuidado. Se conseguirmos identificar como a maneira que pensamos, falamos ou agimos fere o relacionamento, poderemos dizer ao outro que sentimos muito. Com sinceridade e conscientes, podemos expressar nosso desejo de recomeçar.

A prática que descrevi à jornalista pode ser feita em qualquer casa. Ela começa com a televisão sendo desligada e com uma conversa. Usando uma linguagem normal, podemos observar cuidadosamente a situação que vivemos. Talvez seja de seu interesse dar início a uma conversa dessa natureza.

Quando um casal está sofrendo e olhando para a mesma direção, não deveriam estar olhando em direção à televisão. Amantes verdadeiros devem olhar para a direção da paz. Deve ser um exercício diário, para nós, nutrir o amor e a ajuda mútua para lidarmos com nosso sofrimento, de nossos parceiros e amigos, e do mundo inteiro. As pessoas sofrem ao nosso redor, e devemos oferecer nosso apoio. Isso é possível. Sempre que ajudamos alguém a sofrer menos, nossa felicidade cresce.

Nos retiros do Plum Village, sempre existem casais que estão quase se separando. Eles participam dos retiros como uma última cartada. E, após retiros de cinco, seis ou sete dias, sempre surgem casais dispostos a se reconciliar. Isso nutre a felicidade de todos.

Você e seu parceiro são amantes. Você pode sonhar, pensar e agir de maneira a evitar que os demais sofram. Quando souber nutrir a felicidade e lidar com o sofrimento que existe dentro de você e do seu parceiro, os dois poderão seguir em frente ajudando outros casais. Isso é olhar para a mesma direção. Isso consolida e aumenta sua felicidade.

A melodia do silêncio

Na música, existem três momentos de "descanso", de não som. Se tais espaços não existissem, tudo seria um caos. A música, sem momentos

Silêncio

de silêncio, seria caótica e opressora. Quando nos sentamos em silêncio com um amigo, sem dizer nada, trata-se de um momento tão precioso quanto as notas de silêncio necessárias à música. O silêncio compartilhado entre amigos pode ser melhor que a conversa.

Trinh Cong Son foi um querido cantor e compositor nascido em 1939. Ele era chamado de "Bob Dylan do Vietnã". Dizem que em 2001, ao morrer, milhares de pessoas se reuniram para um concerto espontâneo no seu funeral, e tal concerto teria sido a segunda maior mobilização de pessoas da história do país, sendo superado apenas pela multidão presente na procissão funerária de Ho Chi Minh.

Trinh Cong Son estava cansado de ruídos, mesmo do ruído de elogios e aplausos. Ele adorava os momentos de silêncio, e escreveu: "Existem alguns amigos cuja presença é como as notas silenciosas de uma música. Eles nos passam calma, liberdade, alegria. Não há necessidade de conversas tolas e sem sentido. Somos completamente nós mesmos e nos sentimos totalmente confortáveis." Trinh Cong Son adorava os momentos em que se sentava com um amigo sem ter que fazer ou dizer nada, sendo nutrido unicamente pela amizade. Todos precisam de amizades assim.

No Plum Village, adoramos praticar meditação sentada, sobretudo em comunidade, como uma família espiritual. Durante a meditação sentada nós não conversamos. Ainda assim, vários participantes dizem que se sentar em silêncio com outras três, quatro ou mais pessoas é mais divertido do que praticar meditação sozinhos. Sentar-se juntos, mas em silêncio, faz com que todos sejam nutridos pela presença dos demais.

A clássica "Lute Song", canção tradicional vietnamita, conta a história de uma mulher que está tocando alaúde, mas que de repente para. A música diz: "*Thu thoi vo thanh thang huu thanh.*" *Thu toi* significa "agora mesmo". *Vo thanh* significa "ausência de som". *Thang* significa "para triunfar sobre", e *huu thanh* significa "a presença do som". A música diz que, quando a alaudista para, "a ausência de som vence a presença do som" ou "o som abre passagem ao silêncio". Esse espaço entre notas é muito, muito poderoso, muito significativo. E mais eloquente do que qualquer outro som. A ausência de som pode ser mais prazerosa, mais profunda do que o som. Trinh Cong Son sentia a mesma coisa.

Um dos meus alunos me contou uma história similar sobre o saxofonista norte-americano David Sanborn. Em uma entrevista, referindo-se ao seu amigo saxofonista Hank Crawford e seu renomado colega compositor e trompetista Miles Davis, Sanborn disse: "[Hank] entendeu que o espaço que deixamos é tão importante quanto o som que fazemos. [...] E, mais tarde, quando ouvi Miles Davis, fui atraído por sua [...] simplicidade e seu uso do espaço [— não que fosse necessário —] para preencher todos aqueles espaços."

Ananda e a música dos relacionamentos

Relacionamentos e comunicação são um tipo de música. Sentados com amigos, não precisamos dizer nada. Se houver compreensão e formos capazes de desfrutar a verdadeira presença que oferecemos uns aos outros, isso é suficiente. Eu estou convencido de que, durante os terríveis anos da Guerra do Vietnã, o maior consolo de Trinh Cong Son eram seus momentos de calma ao lado dos amigos. Porém, se uma pessoa não sabe se sentar dessa maneira, se tudo o

Silêncio

que consegue é tomar um drinque após o outro, esse tipo de momento nunca estará disponível para ela.

Certa vez, quando Buda estava no Monastério de Jetavana, na Índia, enquanto duzentos monges residentes se preparavam para o retiro anual da estação chuvosa, trezentos outros monges chegaram por lá, vindos de Kosambi. Os monges ficaram felizes ao se encontrarem novamente e conversavam em voz alta. Em seu quarto, ouvindo tal barulho, Buda perguntou ao seu velho discípulo Shariputra: "Que comoção é essa?"

Shariputra respondeu: "Chegaram alguns irmãos vindos de Kosambi. Eles estão festejando seu reencontro com muita conversa alta e deixando de lado suas práticas conscientes. Por favor, perdoe-os."

E Buda disse: "Se quiserem permanecer assim, terão que ir a outro lugar. Eles não poderão ficar aqui." O que Buda queria era ensinar aos monges como utilizar sua energia de maneira mais consciente e significativa.

Shariputra levou a mensagem de Buda aos monges. Os monges ficaram em silêncio e foram a outro local para fazer seu retiro da estação das chuvas. Durante os noventa dias de retiro, os monges não se esqueceram do ensinamento de Buda sobre não se deixarem levar pela conversa tola. Eles cultivaram a *mindfulness* e a concentração total, e no final do retiro perceberam uma grande transformação. Eles não ficaram sérios, pesados e solenes. Na verdade, seus rostos eram mais brilhantes e seus sorrisos mais serenos.

No final do seu retiro, os monges queriam voltar e agradecer a Buda. Quando Shariputra ficou sabendo disso, ele disse a Buda: "Querido Professor, os monges finalizaram seu retiro e querem prestar respeito ao senhor." Buda permitiu a passagem dos monges, unindo suas mãos em gratidão.

Era quase sete da noite. Cerca de trezentos monges de Kosambi, além dos duzentos residentes, sentaram-se com Buda na grande sala de meditação. Professor e alunos ficaram sentados juntos, em silêncio, das sete à meia-noite, sem ninguém dizer uma palavra. Ananda, acompanhante de Buda, aproximou-se dele e disse: "Querido e respeitado professor, já é quase meia-noite. O senhor gostaria que eu dissesse algo aos monges?" Buda não respondeu. Todos continuaram em silêncio até quase três da manhã. E ficaram juntos, sem dizer nada. Ananda estava um pouco perplexo, por isso voltou a dizer a Buda: "Agora já são três da manhã. O senhor gostaria que eu dissesse algo aos monges?" Mas Buda continuou sentado, em silêncio, junto aos demais.

Às cinco da manhã, Ananda voltou a insistir: "Querido professor, o sol está nascendo. O senhor não vai dizer nada aos monges?"

Finalmente, Buda respondeu: "O que você quer que eu diga? Professor e alunos, sentados juntos, em paz e felizes... isso não é o suficiente?"

O simples fato de estarem sentados juntos, apreciando a presença uns dos outros, era uma grande felicidade. Embora tal experiência tenha seguido seu curso sem qualquer som, ela se demonstrou infinitamente mais valiosa do que qualquer outro som poderia ter sido.

Juntos e em silêncio

Em nossa vida diária, muitos de nós passam o dia inteiro interagindo com outras pessoas. Com *mindfulness*, sempre é possível entrar

Silêncio

em um estado refrescante de solitude interior. Como mencionei anteriormente, a solitude não existe apenas quando estamos sozinhos em uma floresta densa, não tem nada a ver com nos afastarmos da civilização, embora esse tipo de retiro espiritual também seja uma opção.

A solitude real nasce de um coração estável, um coração

que não é arrastado pelo fluxo da multidão nem

pelas lamentações do passado, nem pelas preocupações

do futuro, nem pela excitação ou pelo estresse do presente.

————

Não nos perdemos de nós mesmos, não deixamos de lado nossa *mindfulness*. Refugiar-se em nossa respiração consciente, voltar ao momento atual, é tomar refúgio na linda e serena ilha que cada um de nós carrega dentro de si.

Podemos aproveitar o fato de estarmos juntos sem nos perdermos nas emoções nem nas percepções. Em vez disso, podemos enxergar os demais como nosso apoio. Quando vemos alguém que se move com *mindfulness*, que fala com amor e desfruta seu trabalho, essa pessoa é um lembrete de que é hora de voltarmos à nossa fonte de *mindfulness*. Quando vemos alguém distraído e disperso, isso também pode ser um aviso da *mindfulness*, um lembrete de que devemos ser diligentes ao nos conectarmos com nossa verdadeira presença e oferecer-nos aos demais. E o outro poderá se aproveitar da nossa presença de qualidade e sentir-se encorajado a voltar-se a si mesmo também.

Quando desfrutamos o tempo que passamos com os demais, não nos sentimos perdidos em nossas interações. Onde quer que estejamos, podemos sorrir e respirar em paz, passeando alegremente na ilha de nós mesmos.

Ter uma comunidade de apoio à nossa prática regular é crucial. Se tivermos a oportunidade de nos sentarmos com outras pessoas, permitindo que a energia coletiva da *mindfulness* abrace nosso sofrimento, seremos como uma gota d'água em um vasto rio — e nos sentiremos muito melhor.

A coisa mais preciosa que podemos oferecer uns aos outros

é nossa real presença, que contribui à energia coletiva

da mindfulness *e da paz.*

Podemos nos sentar em nome dos que não podem

se sentar, caminhar em nome dos que não podem

caminhar e criar paz e calma interior em nome

de quem não pode ter paz nem calma.

Silêncio

Em tal atmosfera, é possível que não tenhamos de fazer nada para que os nós que carregamos em nosso interior se afrouxem e desatem.

Curar-se e curar o mundo ao mesmo tempo é possível quando damos um passo consciente, quando respiramos conscientes.

Desenvolvendo hábitos coletivos

A consciência coletiva pode ser um alimento tóxico ou nutritivo. Os hábitos coletivos do pensamento, da fala e da ação podem ser saudáveis ou não. Gerando um comprometimento comum (em consenso no trabalho, em nossa família ou entre amigos), respirar de maneira consciente antes de atender ao telefone ou parar para escutar o som de um sino, de um relógio tiquetaqueando, de um alarme, de um avião passando, tudo isso se transformará em hábitos coletivos benéficos.

Os hábitos coletivos podem ser muito poderosos. Podemos ajudar uns aos outros a abandonar hábitos antigos e nada saudáveis e a escolher uma nova direção. Juntos, podemos deter nossos pensamentos e focar em nossa respiração. Podemos oferecer apoio para que os demais inspirem e expirem de maneira gentil e consciente. Isso é algo muito simples de fazer, mas seu efeito é enorme. Parando de pensar e respirando juntos de maneira consciente, deixamos de estar isolados como indivíduos e passamos a ser um coletivo feliz. Não agiremos como corpos separados, mas como uma comunidade, um superorganismo. Um novo nível de energia é gerado, um nível muito mais poderoso do que a energia que produzimos quando estamos respirando ou caminhando de maneira consciente, mas sozinhos.

Quando permitimos que nossos corpos relaxem e que a energia da *mindfulness* e da concentração entre em nossos corpos, a cura pode vir facilmente. Ao sofrer uma frustração, abrir nossos corpos e mentes, permitindo que a energia coletiva da *mindfulness* e a concentração nos penetrem, pode ser profundamente curativo.

Nutrindo os demais

Podemos aprender a gerar um silêncio poderoso e curativo não apenas em nossas famílias e grupos de prática, mas também em nossas comunidades mais amplas. Se você é professor, deveria saber como alimentar esse tipo de silêncio nobre e revigorante em sua sala de aula. Se você é um líder em sua comunidade ou um líder no seu trabalho, poderia propor que iniciem cada reunião ou cada dia de trabalho com esse tipo de silêncio.

Em 1997, quando estive na Índia, visitei o presidente do parlamento e lhe propus que introduzisse tal prática nas sessões legislativas, oferecendo a todos a escuta do som de um sino, com todos respirando e sorrindo conscientemente. Eu sugeri que os membros do parlamento iniciassem todas as sessões dessa forma. E também que, quando as sessões ficassem agitadas, quando as pessoas não parecessem capazes de ouvir às demais, eles convidassem o sino a tocar para que toda a assembleia parasse de falar e praticasse a respiração consciente, pois dessa maneira poderiam se acalmar e começar a debater e ouvir novamente. Dez dias mais tarde, ele formou um

Silêncio

comitê de ética para supervisionar esse tipo de prática civilizada no parlamento.

Se cultivarmos pequenos momentos de abertura em nossas várias atividades diárias, buscando esse tipo de calma, podemos nos abrir à liberdade verdadeira. Deixaremos de lutar por posições ou fama, imaginando que tais coisas nos trarão felicidade. Nós podemos ser felizes *agora mesmo*. Podemos ter paz e alegria neste exato momento. Mesmo se agimos assim nossa vida inteira e agora nos restam apenas poucos minutos antes de morrer, podemos deter nossos pensamentos, respirar algumas vezes de maneira consciente e então encontrar paz e tranquilidade. Mas por que esperar chegarmos ao leito de morte para estar presentes e desfrutar das maravilhas de estarmos vivos?

Thich Nhat Hanh

Prática:
sentar-se pelo prazer de se sentar

Algumas vezes, as pessoas dizem: "Não fique sentado aí, faça alguma coisa!" Elas estão implorando por ação. No entanto, a prática da *mindfulness* muitas vezes diz: "Não fique fazendo coisas, fique sentado aí!" A "não ação", na verdade, também é um tipo de ação. Algumas pessoas não parecem fazer muita coisa, mas sua presença é crucial para o bem-estar do mundo. A qualidade da sua presença as torna verdadeiramente disponíveis para os demais e para a vida. A não ação, para elas, está funcionando. Certas vezes, você sente vontade de parar e não fazer nada, mas, quando surge uma oportunidade, você não consegue desfrutá-la.

Em grande parte, isso acontece porque a nossa sociedade é muito orientada por objetivos. Estamos sempre seguindo uma direção e com um objetivo específico em mente. O budismo, por outro lado, nutre certo respeito pela "falta de objetivo iluminada". Tal ensinamento diz que não devemos colocar um objetivo à nossa frente e correr para alcançá-lo, pois já temos tudo de que precisamos dentro de nós. O mesmo vale para o ato de se sentar. Não se sente para atingir um objetivo. Cada momento de meditação sentada nos traz de volta à vida. Seja lá o que você estiver fazendo, regando o jardim, escovando os dentes ou lavando pratos, procure fazer tudo dessa maneira, faça tudo "sem um objetivo".

Silêncio

Podemos ter um desejo, uma meta.

Mas não devemos permitir que isso se transforme em algo que nos impeça de ser felizes no aqui e agora.

————

Sentar-se em silêncio pode não ter um objetivo e ser algo maravilhoso. Você também pode praticar a meditação guiada sem um objetivo. Eis uma meditação que ajuda a cultivar a espontaneidade, o frescor, a solidez, a clareza e a abertura.

Inspirando, eu sei que estou inspirando.
Expirando, eu sei que estou expirando.
(Dentro. Fora.)

Inspirando, eu me enxergo como uma flor.
Expirando, eu me sinto renovado.
(Flor. Renovado.)

Inspirando, eu me enxergo como uma montanha.
Expirando, eu me sinto sólido.
(Montanha. Sólido.)

Inspirando, eu me enxergo como águas plácidas.
Expirando, eu reflito as coisas como elas são.
(Águas. Refletindo.)

Inspirando, eu me enxergo como o espaço.
Expirando, eu me sinto livre.
(Espaço. Livre.)

Este livro foi impresso em 2022, pela Vozes, para a HarperCollins Brasil.
A fonte usada no miolo é Adobe Garamond Pro, corpo 12,5/17,8.
O papel do miolo é pólen natural 80g/m², e o da capa é cartão 250/m².